ハワイからの使者

スタンレー・イトウ

The Lord of Ring

アイク田川
Ike Tagawa

文芸社

『ハワイからの使者 スタンレー・イトウ』目次

第一部 スタンレー・イトウと日本の出会い

第二部　スタンレー・イトウをめぐる人々

本書に登場いただいた方の
敬称は省略させていただきました。

第一部　スタンレー・イトウと日本の出会い

第一章——寡黙なハワイの日系二世

日本ボクシング界の大恩人

本書の主人公スタンレー・イトウは、一九二四（大正一三）年にハワイ・オアフ島で生まれた日系二世の米国人だ（敬称略。以下同）。二〇一三（平成二五）年に卒寿《そつじゅ》（数えで九〇）を迎えた御年《おんとし》であり、人生の先達《せんだつ》という言葉がふさわしい。

生まれ年の一九二四年は関東大震災の翌年であり、ソビエト連邦のレーニンが生涯を閉じた年である。また、政権奪取をもくろんだミュンヘン一揆《いっき》の失敗により投獄されていたヒトラーが出獄したのもこの年であり、投獄中に口述筆記させたのが、ナチスの聖典『わが闘争』だったのである。

スタンレー・イトウはご存じの方も多いだろうが、日本ボクシング界にとっての大恩人で、二〇一二（平成二四）年五月一九日、東京ドームシティ後楽園飯店で、ファイティング原田、藤猛、西城正三、柴田国明、ガッツ石松、具志堅用高、上原康恒ら往年の元世界王者と、門田新一、内山真太郎ら東洋および日本の元王者たち、又、日本アマチュアボクシング連盟（現日連）からは会長の山根明などが顔をそろえ、「スタンレー伊藤さんに感謝する会」が催《もよお》された（他出席者／世界・東洋・日本チャンピオン浜田剛史、花形進、中

「スタンレー伊藤さんに感謝する会」にて、錚々たるメンバーがスタンレーを囲んで乾杯（ボクシングマスター提供）

島成雄、大橋秀行、佐藤修、坂田健史、小室恵一、三迫仁志、鬼頭鎮三　順不同）。笑福亭鶴瓶氏からも大きな花輪が贈られていた。

わたしも出席させてもらったこの会は「白井義男世界フライ級王座獲得六〇周年記念」と銘《めい》打《う》っている。つまり六〇年前の同月同日（一九五二＝昭和二七年五月一九日）、後楽園球場で世界フライ級タイトルマッチが行われ、白井義男が王者ダド・マリノを判定で下し、日本人では初となる世界王者となったのである。

連合国の占領下に置かれていた敗戦国日本が対日講和条約（サンフランシスコ講和条約）の発効（四月二八日）により

壇上で挨拶する山口弘典

独立と主権を回復してからわずか二一日後の出来事であり、白井の快挙が、その当時の日本人に自信と誇りを取り戻させる一つの呼び水となったのはまちがいがない（とはいうものの四月二八日は沖縄にとっては「屈辱の日」だということも知っておいたほうがいい。この日を境に奄美、小笠原、沖縄は日本から切り離されて米国の施政権下に置かれたわけだ）。

それはともかく、このときダド・マリノのトレーナーをつとめていたのがスタンレー・イトウであったのだ。これが二度目の来日であり、一度目はこの前年である。

歴史に〈たら・れば〉は禁句というが、あえていうなら、もしもこの名トレーナー、スタンレー・イトウが今度は日本人を指導するために、その後何度も来日しなかったなら（およそ一五〇回日本に来たという）、あるいは何人もの日本人をハワイのジムへ受け入れていなかったなら、日本ボクシング界の戦後の歩みは相当ちがったものになっていただろう。

白井とマリノの一戦のあと、イトウが日本人に指南するようになるきっかけは、戦後の焼け跡に国民拳闘倶楽部《くらぶ》を立ち上げた中村正美から依頼があってのことらしい。次いでA O拳などでも教えるようになり、一九六五年ごろには協栄ボクシングジム（金平正紀会長）で指導にあたるようになった。

そして、これまでにいったい何人の日本人が彼の世話になったのか、名前がわかっているのはわたしが知るかぎり四〇人ほどになるだろう。とはいえ、それで全部ということでない。早稲田、立教、日大、明治、中央大学などでも学生を指導したことがあり、警察でも教えたそうなので、そうしたものも合わせれば「数知れず」とでも表現するのが適切なところであるだろう。

日本人初の世界王者！

話は戻るが、昨今は世界王者が誕生しても三大紙など新聞各紙は小さく報じておしまいである。

しかし、白井が世界選手権を獲得したと報じる当時の新聞記事は、社会面を大きく割《さ》いた「大事件」なみの扱いだった。ボクシングの日本における黄金時代の幕開けでもあったろう。以下は白井勝利の翌日の新聞記事である。当時の熱気が伝わるのではないかと思う。

日本人初の勝名乗《かち》り　白井思わずうれし泣き　勝者への祝福贈るマリノ

林レフェリーが白井選手の右手を高々とあげた。時に午後九時十八分、白井は世界の王者になったのだ。世界選手権にはじめて日本人の名を記録した瞬間、場内をギッシリ埋めた観衆の歓声にわいた。カーン博士が白井の顔にほほをすりよせ泣いている。ぼう然と立つマリノ、フトンの乱れ飛ぶ中で白井もうれし泣きに泣いていた。

文字通りの死闘だった。前半両雄緊張しすぎてかクリンチが多く野次もとんでいた。しかし後半に入り両選手の顔は朱を帯び髪は乱れるに及んで場内は拍手怒号、口笛の興奮と化した。

背中の汗はリング頭上のライトに照らし出され、ギラギラと輝き、その汗がトランク（パンツ）にぐっしょりとしみ通っていた。〝シライ〟と叫ぶ日本のファン、それを反発するかのように〝カム・オン・マリノ！〟とメアリー夫人もその興奮をいやが上にも増すようにキャメラのセン光がパッパッとひらめく。十五回、遂に最後のゴングが鳴った。勝った。白井義男は世界のチャンピオンになったのだ。……


（毎日新聞一九五二・５・20）


「カーン博士」ことアルビン・R・カーンは白井のコーチ兼マネジャーであった米国人だ。また、記事のなかでは「トランクス」ではなく「トランク」とあり、これでは「旅行かばん」になってしまう。そのうえわざわざ括弧《かっこ》のなかに「パンツ」と入れているのもおもしろい。トランクスという言葉自体になじみがなかったせいだろう。

新聞はまた「国際色溢《あふ》るリング」との見出しを掲げ、次のように書いている。

東京ＦＥＮ（ファー・イースト・ネットワーク）放送は六人のスタッフでこの日の模

様を電波に乗せ、海外へ送った。……隣席にはJOKR（ラジオ東京）、NJB（新日本放送）が並び、早口な英語、うわずった日本語が交さく、白井のストレート、マリノのフックなどその度《たび》に両国アナの声は一段と高潮していた。……会場の雰囲気も国際色豊か。国連軍傷病兵はじめ外人の入場者がゾクゾクつめかけ午後七時にはほとんど満員となり、とりわけリングサイドは日本人六、外人四といった割合でファンは熱狂した。……

NHKによるテレビ本放送開始はこの翌年だったので、このときはまだラジオしかない。FENは、元はWVTR（進駐軍放送）といい、米軍のラジオ放送網だ。また、「国連軍傷病兵」とあるのはこの前々年に朝鮮戦争が始まっていて、戦場で傷つくか病に倒れた国連軍（実態は西側同盟国軍）の兵士らだ。

さらに「高松、三笠両殿下も観戦」とあり、皇族方や駐留米軍の高官のほか、保利茂《ほりしげる》官房長官なども熱戦を見守ったと伝えている。保利官房長官は談話まで寄せていて、「何《な》んといってもうれしい。試合は見ていて息苦しくなるほどの死闘だった。白井の態度は実によかった。ラウンド毎《ごと》にマリノへ手を差し伸べて選手権保持者への礼をつくす所作！　あの美しい態度は勝ったそのことより以上の喜びだ」と述べている（試合前日の

銀座通りでパレード。車上左がスタンレー。

「日刊スポーツニッポン」紙「ファンの予想を聴く」の欄には当時の田中栄一警視総監が「白井の勝ちだ」とするコメントを寄せていて、閣僚や警視庁の総大将がボクシングで私見を述べるなど今では想像もつかない事態となっている。なお、田中警視総監は夜の上野公園へ視察に行って、怒った男娼たちに取り囲まれて袋叩きにあった不時の騒動で知られている人物だ）。

そして、「〝楽に勝てた〟と電話　許婚《いいなずけ》も待つ白井家の喜び」「今日あると信じて……イバラの道を共に歩いたカーン博士談」との見出しがつづき、一連の記事は終わっている。

とはいうものの、ボクシングという競技

自体を考えるなら、当時は「市民権」を得られていたとはとてもいえない状況だった。極端にいえばスポーツなどというよりも「町の不良の殴り合いの喧嘩《けんか》だ」くらいが一般の認識ではなかったか。白井の勝利をおそらくは一つのきっかけとしてボクシングは広く認知され、野球や相撲と肩を並べる人気競技となったのだ。

スタンレー・イトウはまさにそんな時代から日本のボクシングと関わってきた。

ハワイから旅客機で来るといっても、低速のプロペラ機で片道約一八時間。途中でいったんミッドウェイ島に降り立って給油しないと、日本へたどり着けないという古き時代の話であって、イトウ自身が現役ながら「伝説の人」となっている。

なお、来日したイトウやダド・マリノらが旅客機から降りた空港は現東京国際空港（羽田空港）であったのだ。だが、ここは戦後、米軍に接収されており、空港名も「ハネダ・アーミー・エア・ベース」（Haneda Army Air Base）と改称されていた。その一部が日本に返還されたのは一九五二年七月であり、全面返還は五八（昭和三三）年七月である。したがって彼らが日本に来たとき、空港はまだ米軍の管理下にあったことになる。

寡黙な紳士

わたしが、この日本ボクシング界の大恩人にハワイで初めて対面したのは二〇一二年一月一一日だったと覚えている。

ホノルル市内カカアコ・ボクシングジムを訪ねていくと、御老体が一人泰然《たいぜん》とイスに腰かけている。一見して、ただ者ではないとわかったものの、初対面であったのでスタンレー・イトウかどうなのか判断がつかずに迷っていたら、日本語で「わたしがスタンレー・イトウです」とあいさつして下さった。

そして互いに「ハウアーユー（How are you?）……」、この型どおりのあいさつにつづきおっしゃったのは、「あなたのことはマエダさんから電話で聞いています」の一言である。「マエダさん」とは紹介の労をとってくださった「BOXING BEAT《ボクシング・ビート》」誌の前田衷元《まこと》編集長だ。

それにしても、ふつうだったら「よく来た」というねぎらいの言葉くらいありそうなもの。だが、そんなようなあいさつはなく、どちらかといえば寡黙《かもく》な人で、むだ口はたたかぬようだった。

かといって尊大だとか偉ぶっているというのではない。むしろ経験や知性に裏打ちされた貫禄や、洗練された紳士の風格を印象づけられたひとときだった。

なお、ハワイ出身のトレーナーといえば、ガッツ石松や井岡弘樹などを育てたあげたエディ・タウンゼントが有名である。スタンレー・イトウはこのタウンゼントとも仲がよかったそうであり、「四九番通り」という名のジムを二人で共同経営したこともある（このジムは後述するサッド・サム・イチノセが一九三一〈昭和六〉年に立ち上げたものであるらしい）。

ただし両者の性格は対照的で、タウンゼントは選手を奮《ふる》い立たせる技《わざ》は一流だったが、どちらかといえば「暴れん坊」の感じが否《いな》めない。いっぽう、先のごとく「紳士」と形容するのが適当なのが、スタンレー・イトウという人なのだ。

マリノとマルオ

スタンレー・イトウの父は〝カンベエ〟といい、武家の血筋であるという。母は〝キク〟という人だった。正確な時期は聞きそびれたが、明治から大正にかけてのころに広島県からハワイに移住したのだそうだ。

スタンレーは八人兄弟の末っ子で、兄が三人、姉が四人いたのだが、すでに他界したそうであり、今もって健在なのはスタンレー一人となっている。

現在、広島市はホノルルと姉妹都市提携を結んでいる。これはホノルル市民に広島出身者が多いことも理由の一つになっている。事実、一八八五（明治一八）年、明治元年以来一七年ぶりとなるハワイへの移民九四八人が横浜から船で渡航したとき、その半数以上が広島県と山口県の出身者で占められていた（官約移民。くわしくは後述したい）。このときの渡航者名簿を見ると、出身地として広島県は、広島市のほか、佐伯郡廿日市《はつかいち》、安芸《あき》郡仁保村などの地名が記されている。

スタンレーの両親

移住したハワイで両親は砂糖キビ農場では働かないで、おそらくは日系移民が主な顧客であったろう和菓子づくりを手がけていたので、ほかに比べて裕福なほうに属していた。

少年のころの思い出は、自宅近くは野原であって、そこには小川が流れていた。小川にはメダカのような小魚がいて、それを捕って遊んだそうだ。

また、小川のほとりにフィリピン系の人が経営しているジムがあり、練習風景を窓からのぞき込んで見ているうちになんだか次第に興味がわいて、自分でも練習を始めてみたのがボクシングとの出会いであった。

ただ、家庭は裕福なほうではあったものの、おのずと限度があったようで、オアフ島カリヒ地区にあるファーリントン高校を卒業したが、経済的な理由によって大学へは進まなかった。

このファーリントン高校で学年がいっしょだった人物が日系二世のボクサーであるツネシ・マルオ（Tsuneshi Maruo）であったのだ。マルオはスタンレーと生まれ年は同じなものの、七月生まれということだから一〇月生まれのスタンレーよりほんの少しだけ先輩である。

マルオは中学時代にボクシングに惹《ひ》きつけられて、カトリック青年会（Catholic Youth Organization＝CYO）が主宰するボクシングクラブに加入した。太平洋戦争が始まったのはファーリントン高校在学中で、その後一九四三（昭和一八）年に米陸軍の二世部隊

スタンレーの卒業したファーリントン高校

「第四四二部隊」に志願して、イタリアおよびフランス、ドイツで激戦を戦い抜いている（第四四二部隊についても後述したい）。

そして終戦の翌年、一九四六（昭和二一）年に、除隊するやたちまちボクシングを再開し、その年のうちに全米体育協会（US Amateur Athletic Union＝ＡＡＵ）のバンタム級王者に輝いたのだ。アマでの対戦成績は三二戦三〇勝一敗一引き分け、プロでは二一戦一五勝四敗二引き分けであったそうだ（ウェブサイトJOURNAL OF COMBATIVE SPORTの〈Tsuneshi Maruo, A Hawaiian Boxing Champion〉による）。

このマルオには次のような逸話が残され

ツネシ・マルオ（カカアコジム提供）

ている。

つまり、一九四七（昭和二二）年、ダド・マリノがフライ級王者ジャッキー・パターソンとのタイトルマッチに挑戦するためスコットランドのグラスゴーまで遠征したとき、彼のスパーリングパートナーとしてマルオも同行したという。

ところが、マルオとマリノの公開練習を見た地元紙などの記者たちはマルオの巧技に幻惑《げんわく》されて、二人のことを取り違え、話を聞こうとマルオに殺到したのだそうだ。

なるほど、腕は立つし、マルオは日系、マリノはフィリピン系と、ともにアジア系だったので、見た目も区別がつきにくい。名前まで〈Maruo〉〈Marino〉とそっくりなのだ。

なお、マルオが同行することになったのはマリノのマネジャー、サム・イチノセ（一ノ瀬）の意向に沿ってのことだろう。

マルオはＡＡＵの王者になった後、リチャード・チネン（知念）との間で一年間のプロ契約を交わしている。チネンはのちに白井義男のトレーナーとなる人物である。その一年が過ぎたとき、マルオは、今度はイチノセと契約したのであって、マルオとマリノはいわば「同門」だったのである。

〈Tsuneshi Maruo, A Hawaiian Boxing Champion〉の注によると、マルオがチネンのもとを去ったとき、イチノセにマルオを盗られたとチネンは主張したらしい。だが、のちにチネンは、より大きな舞台に立つためにマルオにはイチノセが必要なのだとこの一件を認めたそうだ。

また、せっかくスコットランドまで足を運んだマリノであるが、肝心要《かなめ》のタイトルマッチはパターソンがウエイト調整に失敗し、タイトルを剝奪されたため、試合はご破算になっている。

マリノがホノルルでテリー・アレンに判定勝ちして世界王者を獲得したのは三年後の一九五〇（昭和二五）年のことであり、マリノはすでに三五歳になっていた。

実は、ツネシ・マルオにはわたしもハワイで会ったことがある。

そのときの様子はごく短い文にまとめ、「ボクシング・ビート」誌（２０１２年６月号）に寄稿した。参考のため、一部だけだが引用したい。

Golden age of the Hawaiian boxing

かねてから日本とハワイの古い時代のボクサーに私は興味を持っていた。彼らに対する関心は、数年前からハワイに居住することになり、ますます強くなってきた。そして今年の一月だった。オアフ島ダイヤモンドヘッドの墓地に眠る元世界フライ級王者ダド・マリノと、プロモーターとして知られるサム一ノ瀬の墓を訪れた時、私の思いに火がついたのだ。

そこで以下ではハワイの著名な日系ボクサー、ツネシ・マルオについて記してみたい。日本人初の世界王者・白井義男がダド・マリノから王者の座を奪ったのは一九五二年のことである。そのマリノのスパーリング・パートナーを務めていたのがツネシ・マルオその人であり、技術的にはマリノをも凌《しの》ぐ巧者であった。……

マルオはプロ転向後、ジャブを7発放っただけで相手を倒したこともあり、戦後のハワイで彼を知らない者はいない。事実、私の住むコンドミニアムにも日系二世の九二歳の老人が住んでいる。彼が言うには、試合があればシビック・オーディトリアムなどに駆けつけていき、マルオに声援を送ったそうだ。

マルオは今も健在である。そこで私は、オアフ島ハワイカイに建っている瀟洒《しょうしゃ》な老人ホームに彼を訪ねていったのである。そこは一流ホテルを思わせる建物で、海を見渡す受付で面会したいと告げたところ、間もなくして小柄だが、がっしりした体格の好々爺が現れた。マルオは一九二四年生まれで今年八十八歳になるのだが、顔色もピンクを帯びてボクサー特有の傷跡もなく、ディフェンスがいかに巧みであったか想像できた。

この時、彼にボクシングで一番大事な技術は何かと問うと、即座にそれはジャブだと言った。そして、座ったまま繰り出すそのスピードは目にも留まらぬ速さであった。

時間が来て帰る私をエントランスまで見送って、いつまでも手を振ってくれた往年の勇士の風貌が今も脳裏に焼きついている。

悲しみのサム

さて、スタンレー・イトウがファーリントン高校を出て勤めた会社は「オアフ・トランスポート」という社名だったそうなので、運送会社であったろう。ここでレジナルド・イチノセという人と出会ったことがイトウのその後の人生を決定づける。レジナルド・イチノセには兄がおり、それが先に名前だけ出しているサム・イチノセだったのである。

太平洋戦争が終結し二年ほどたった時だった。そのころイトウは会社勤めをつづけるかたわらボクシングのトレーナーをつとめていたが、それを知ったサム・イチノセがある日イトウにこういったのだ。

「君がほんとうにトレーナーになりたいのなら明日からうちのジムに来ないか。ラルフ・エンプクも君に期待しているよ」

サム・イチノセとラルフ・エンプク（円福）――この二人はスタンレー・イトウのボクシング人生を語るうえでのキーパーソンだ。

郡司信夫は『ボクシング百年』（改訂新版、時事通信社）で白井義男とダド・マリノのタイトルマッチをふり返り、次のように書いている。


日本ボクシング界三〇年来の夢は、だれかが世界のタイトルを握ることであった。その夢がいまや実現しようとしている。すなわち、毎日新聞社、全日本ボクシング協会がスポンサー、ラルフ円福、浜本白正がプロモーターとなり、二十七年五月十九日、後楽園球場で、世界フライ級チャンピオン、ダド・マリノにたいし、白井義男の挑戦が正式にＮＢＡに認められる（３月27日）ことになったからだ。マリノにたいしては二万五〇〇〇ドルのファイトマネーと飛行機代約三〇〇万円、ほかに滞在費ということで、サム一ノ瀬、トレーナーのスタンレー伊藤、スパーリング・パートナーのロイ比嘉《ひが》という一行だった。

（傍点：引用者）

世界王者ダド・マリノを背後で支える人々は三人とも日系二世で、マネジャー・イチノセ、トレーナー・イトウ、そしてスパーリング・パートナーを引き受けたのがホノルルのボクサー仲間ロイ・ヒガであったのだ。これにマリノの妻メアリーが私設応援団長として一役買って、エンプクは試合を興行として成功させた立役者の一人であったわけだ。

そこでまず、サム・イチノセから見ていきたいが、イチノセは亡くなったあとボクシングの殿堂入りを果たしており、「国際ボクシング名誉の殿堂博物館」（International Boxing Hall of Fame　ニューヨーク州カナストータ）のウェブサイトにその略歴が記されている（日本人ボクサーではファイティング原田のみ）。訳すと以下のようになる。

サム・イチノセ（Sam Ichinose）、サミュエル・マスオ・イチノセ（Samuel Masuo Ichinose）は、まるでそうではないのだが、その陰気な表情により〝悲しみの〟サム（〝Sad〟Sam）というニックネームを背負わされた。精力的な彼はハワイの〝ミスター・ボクシング〟であり、半世紀以上にわたって世界中で四二五試合という興行数を残している。イチノセは一九二九年にハワイでボクシングが公認されたのちマネジャーとしてスポーツと関わりはじめた。才能を見出す優れた眼力（rare eye for talent）でサッド・サムは一九五〇年にダド・マリノを世界フライ級チャンピオンに、一九七二年にベン・ビラフロアを世界ジュニアライト級チャンピオンに導いたほか、ボボ・オルソン、アンディ・ガニガンを含めてハワイにおけるほとんどのプロの試合をプロモートした。尊敬すべきイチノセは一九八二年に引退し、一九九三年一月二四日、ホノルルにて逝去《せいきょ》した。

別の文章には次のように書いてある（ウェブサイト JOURNAL OF COMBATIVE SPORT の〈Robert “Ripper” Takeshita〉By Joseph R. Svinth）。

イチノセは一九二〇年代初め、高校を中退したあとボクシングを始めた。たいした選手ではなかったものの、アマチュアのある試合では反則負けを喫《きっ》している（イチノセはいう。「ヤツのタマに食らわしてやったんだ」「相手があんまりあちこち跳びはねすぎていると思ったからだ」）。彼はジムとジムにいる人たちが好きだったのだが、一九三一年、四九番通りジム（the 49th Street Gym）という名の彼のボクシングクラブを立ち上げている。彼の最も有名な戦前のプロボクサーといえばおそらくはメキシカン・ローズの名で戦ったフレディ・ゴメスであったろう。

また、一九三五年以降は短命に終わったもののホノルルで日米体育協会（Japanese American Athletic Association）も立ち上げている。ここではアマチュア・ボクシングを奨励し、その後援により戦った選手にはポール・マツモト、ジョニー・マナロ、サルバドール（ダド）・マリノ、そしてヤス・ヤスタケがいた。そして、ついに一九四〇年、イチノセは一連の国際試合に参加するためハワイのボクシングチームを日本と朝鮮に連れていき、結果は二勝二敗のタイだった。

試合はウェイトで相手を殺すのよ！

こうしたイチノセの資金源はなんだったのか。

以下も〈Robert "Ripper" Takeshita〉からの引用である。

このぜいたくな趣味にかかる費用は借金してまかなっていた。彼はいう。「戦前はいつも金融会社に借金があったようだった」。彼ののちのパートナー、ラルフ・エンプクは一九八八年にこういった。「サムの原動力は金ではなくて、ボクシングを愛していたとの事実であって、ボクシングが人生だったんだ。こいつは、試合はつくれたが、金はつくれなかったんだ」。そこでイチノセは一九四一年一一月三〇日、彼のもう一つの趣味に専念すべくホテル・ストリートに「悲しみのサムの」(Sad Sam's)という名のバーを開いた（この名は、彼の選手がなぜ不当にも判定負けを喫したか説明しなければならないたびにスポーツライターに見せたしょんぼりした表情に由来する。彼はいう。「わたしがライターに話すたび、わたしの表情はまるで…、まあ、まるでわたしに世界の終わりが迫ってきているようなんだ」)。

バーを購入するタイミングも傑出していた。一週間後、彼は買うことを許されなくなったから（引用者注：七日後の一二月七日、日本軍が真珠湾を奇襲攻撃し、太平洋戦争が始まった）。このバーが戦争中に金を生み出す源泉となる。

バー〈Sad Sam's〉には歴代の世界王者の写真がずらりと並び、ボクシングファンが憩う場として盛況だったそうである。スタンレー・イトウもここで働いていた時期がある。また「サッド」（悲しみの）というあだ名の由来であるが、これには異なる説もある。たとえば門田新一によるならば、イチノセがまだ若いころ、大事に育てていたボクサーがいた。この人が海外で対戦したとき、イチノセがなにを勘違いしたのか、バンタム級のボクサーなのに、それより重いフェザー級だとして契約書にサインした。気がついたときには後の祭り。そのボクサーはフェザー級の選手と対戦するはめになり、こてんこてんに打ちのめされた。人々は彼といっしょにリングを下りるイチノセの悲しみに打ち震《ふる》えた表情を見て「サッド・サム」と呼ぶようになったそうである。

その後、不運なこのボクサーはいつの間にかリングを去った……。ボクシングはウエイトだ。イチノセが口癖のようにいったのは「試合はウエイトで相手を殺すのよ！」という一言だった。

それはともかく、ここで注目したいのは第一に、イチノセが「日米体育協会」(Japanese American Athletic Association) という団体の創設者であった点である。

つまり「日米」という名称から読み取れるのは、日本とどのような関係をもとうとしたかは不明なものの、イチノセの心のなかには確実に「日本」というものがあったのだ。日系二世だから当然というのは筋がちがう。二世は米国で生まれ育った米国人だ。両親の祖国とはいえ、関心をもつ、もたないは人によりさまざまにちがいない。たとえば「故郷へ錦《にしき》を飾る」という言い方も一世にはふさわしいのかもしれないが二世となると必ずしもしっくりいくとはかぎらない。

それゆえ、一九五一年、ダド・マリノやスタンレー・イトウらと来日したイチノセの心境を、「世界チャンピオンを連れて母国へ凱旋《がいせん》」「あふれんばかりの感慨」(『カーン博士の肖像』山本茂、ベースボール・マガジン社) と表現することに違和感を覚えてしまうのだ。

ただ、『カーン博士の肖像』には、イチノセが銀座のキャバレーで、戦前から戦中にかけて日本で流行《はや》った「愛国行進曲」や日本の軍歌を熱唱する場面が描かれている。

また安部譲二の『殴り殴られ』(集英社文庫) を読んでみると、次のように記述されている。安部は白井とのタイトルマッチを控えたマリノが逗子でキャンプを張ったときからイチノセと知己《ちき》であるという。

昭和三十六年のことだが、永い五年の執行猶予を切るために、日本航空のスチュワードになった私は、懐かしい日系ギャングの待つハワイへ飛んだ。

ひとしきり肩を叩いたり、渋谷のチンピラだった私が、日本航空の制服を着てやって来た驚きを叫んだあとで、サッド・サム・一ノ瀬は、それでサッド（淋しそうな顔の……）の綽名《あだな》の付いたくぐもった顔をひき締めると、

「バイザウェイ、レイトリー、天子様は、スエル（swell＝御立派）かいの」

と訊いて、まだ二十三歳だった私を魂消《たまげ》させたものだ。

この愛すべき日系ハワイ・ギャングの心の中には、いつでも祖国日本と天皇陛下が潜《ひそ》んでいた。

「日米体育協会」の一件もあり、イチノセの胸中には「日本」が厳然としてあったといっていい。日本で一旗あげるという「市場開拓」の算段があったかどうかはわからない。金

もうけには執着しなかったようなので、それはなかったというほうがおそらくは正答にちがいない。

一九四〇（昭和一五）年にダド・マリノらアマチュア・チームを引き連れて日本そして朝鮮を転戦したのも注目される。太平洋戦争の一年前で、このころは日韓併合により朝鮮は日本の一部となっていた。マリノはこのときに後楽園で堀口基治（ピストン堀口の弟）と戦って判定で敗北したという。朝鮮では京城（現ソウル）で対戦があり、日本では円山公園（京都）でも試合があった。この一件も、イチノセが早い時期から日本に目を向けていた一つの証《あかし》となることだろう。

ボクシングを心底愛し、「日本」という「第二の祖国」がつねに念頭にあったのが、サッド・サム・イチノセという人であったのだ。

ラルフ・エンプクの二つの「人生」

日米開戦、太平洋戦争勃発により、イチノセと日本の関係は寸断されることになる。そしてラルフ・エンプクも、戦争に翻弄《ほんろう》された二世であった。

ウェブサイトhonolulu advertiser. comを覗《のぞ》いてみると、〈Ralph Yempuku: Promoter and war hero〉（By Curtis Lum）と題した二〇〇二（平成一四）年七月一〇日付の追悼記事が載っている（同日付の死亡記事には「ホノルルにて昨日八八歳で死去」とある）。

この追悼記事は、「ラルフ・エンプクは、ローラーゲームだろうがサーカス、音楽の演《だ》しもの、ボクシングあるいは相撲だろうが、プロモートできないイベントと一度も出会ったことがない」という文で始まるものの、「しかしプロモートはエンプクの第二の人生」であると書く。

それでは、プロモートに先立つ「第一の人生」とは何だったのか。〈Ralph Yempuku: Promoter and war hero〉というタイトルに注目してもらいたい。〈war hero〉は訳せば「戦争の英雄」「戦争の勇士」となるわけであり、エンプクの「第一の人生」は今でいう特殊部隊の一員として敵地で捕虜の尋問を担当したり、敵の背後で非正規戦（ゲリラ戦）をくり広げることであったのだ。

そして追悼記事は次のように記して終わっている。

戦後、エンプクはハワイに戻り、プロモーターとしての長い人生を歩みはじめた。彼は、ボクシングの殿堂入りをしたプロモーター、故サッド・サム・イチノセとともにボクシング団体の副代表、共同所有者だったのだ。

第二次世界大戦中、米軍兵士として従軍した二世の数は約三万三〇〇〇人にも上《のぼ》っている。米国本土とハワイの二世がその半数ずつを占めていた。

また、その多くが二世部隊である第一〇〇歩兵大隊や第四四二部隊の一員として欧州戦線に送られたので、エンプクもまた然《しか》りだろうと誤解しがちな面がある（『カーン博士の肖像』も彼のことを「第四四二連隊〈二世部隊〉の生き残り」と書いている）。

しかしエンプクの軍歴はそれとはちがい、ある意味特殊なものだった。つまり、彼が送り込まれた戦場は欧州ではなく東南アジアのビルマ（現ミャンマー）であって、戦う相手もドイツ兵ではなく日本兵——日本人が「敵」だったのだ。

そこに至る経緯をいうと、もとはといえばエンプクも第四四二部隊に志願して、一度ははねられてしまったものの、首尾よく入隊を果たした一人であった。ところが、日英両語が話せたエンプクたちはワシントンから来た将校に戦略作戦局（ＯＳＳ＝Office of Strategic Services）への志願をもちかけられた。ＯＳＳは特務機関で、終戦直後いったんは解散するのだが、すぐにCIG（中央情報本部）として復活し、このCIGに代わって発足したのが今日の中央情報局（CIA）なのである。

エンプクのビルマでの主な任務は、日本軍の兵站《へいたん》・補給路を断つことや、ゲリラ戦をしかけることだった。高温多湿な密林地帯で「敵の最前線の背後にパラシュートで降下してゲリラ部隊を組織して、彼らに武器、弾薬を補給して待ち伏せ戦術を展開」することもあり（トミ・カイザワ・ネイフラー『引き裂かれた家族』NHK出版）、現在の陸軍特殊部隊グリーンベレーの元祖と思えばわかりいい。危険かつ困難な任務であったろう。エンプクとともに戦ったテッド・ツキヤマは彼のことを「これまでに会った人のなかで最も勇敢な男の一人」と評している（Ralph Yempuku: Promoter and war hero）。

引き裂かれた家族

だが、そんなエンプクにも消し去ることのできない不安があった。待ち伏せている敵輜《し》重《ちょう》部隊の車列のなかに弟がいたらどうしよう、尋問しなければならない捕虜のなかに弟がいたらどうなるだろう……。弟たちと血塗られた戦場で相見《あいまみ》えることを恐れたのだ。

どういう意味か。つまりエンプクは五人兄弟の長男である。しかし一九三三（昭和八）年に、両親と四人の弟はハワイ大学に入学したてのエンプク一人をハワイに残し、全員日本へ引き揚げていた。日本で暮らす弟たちは全面戦争が始まった今、徴兵されるにちがいない。事実、四人のうち次男は同盟通信社に職を得て、開戦後は東京と香港の軍報道部で翻訳の仕事についていた。また五男はまだ年齢が低かったので軍需工場に動員されて国内にいた。しかし、残る二人は召集されて軍人となっていたのであって、エンプクの恐れや心配は取り越し苦労ではなかったわけだ。

実際、偶然とは恐ろしい。日本が無条件降伏した後だった。エンプクは中国・海南島で捕虜救出作戦に従事してから（戦争は終わったものの、日本軍が捕虜となった米国人を殺害するのではないかと危惧《きぐ》したためにパラシュートで日本軍の基地に降下した）、英国の巡洋艦で向かった先が香港だった。

香港での降伏調印式はペニンシュラホテルで九月一六日に行われ、香港にいたエンプクも調印式を見に行っていた。

ウェブサイトhonolulu advertiser. comに〈World War II split brothers between Japan and America〉（第二次世界大戦が兄弟を日米に引き裂いた）と題した記事がある（By

Will Hoover)。ここには写真が四枚載せられていて、そのうちの古い一枚は香港での降伏調印式を撮影したものである。

見るとこの写真には、歩いている五人の人物と、横一列に整列し、彼らを見守る英国兵が写っている。五人のうち先を行くのは英軍将校、日本軍の丸腰の一将校がそのうしろについている。

そのさらに少し後方を歩く三人は、二人は銃をもっており、英国兵だ。この二人の間に挟《はさ》まれたのが背広姿の民間人で、髪を短く刈ったその顔立ちは見るからにいかにも日本人だ。

降伏調印式になぜ日本の民間人が？　実は、この男性は同盟通信社で働いていた、エンプクのすぐ下の弟だったのだ。語学力を買われて通訳としてひっぱり出され、降伏調印式に臨《のぞ》んだわけだ。

弟の話によるならば、この日、彼は兄の姿に気がついていた。だが、兄が生きていてよかった、声をかけなければと思ったものの、無言で通し、脇目もふらずに通りすぎた。なぜか。「心の中ではまだ戦争が終わっておらず、私たちは互いに敵と味方だった」から。

いっぽう兄エンプクは、弟がいるとはわからなかった。

終戦後の出来事であり、戦場ではなかったものの、日本からもハワイからも遠く離れた香港で、数メートルの間をおいて兄弟がすれちがっていたわけであり、偶然とはいえ不思議としかいいようがない。

エンプクはその後、日本での勤務を志願した。生きていれば広島県の阿多田島《あたた》にいるはずの両親の安否を知るためであり、幸いにして両親とも健在だった。弟四人も、一人も戦争の犠牲にならずにすんだ。

一九四六（昭和二一）年、ハワイに戻ったエンプクはショービジネスのプロモーションとマネジメントに乗り出していく。最初の仕事は「ラウ・イ・チャイ・ナイトクラブ」だったそうだ（引き裂かれた家族）。そして、正確な時期は不明なものの、サッド・サム・イチノセの相棒としてボクシングとも関わるようになったのである。

イチノセの眼力

こうして見ると、サッド・サム・イチノセ、ラルフ・エンプクという二人の男は《大物》の趣《おもむき》さえ漂っている。事実、二人ともそのように評価されているのであるが、わたしがいうのは、イチノセのボクシングにそそぐ浮世離れした情熱と、エンプクのもつ不撓不《ふとうふ》屈《くつ》の精神や実践力のことなのである。

エンプクは、太平洋戦争が始まったときハワイ大学予備将校訓練課程に在籍しており、開戦後は武装した警備隊の一員になっていた。ところが間もなく日系人は「敵性外国人」に分類されて、二世は追放、警備隊も解体されたのである。

それでもエンプクは屈しなかった。米国への忠誠心を示す目的で一九四二（昭和一七）年二月に「大学勝利奉仕隊」（Varsity Victory Volunteers＝ＶＶＶ）という名の二世の組織を結成し、軍事施設で道路建設に従事したり、塹壕《ざんごう》を掘ったり、有刺鉄線を張るなどしたのであった。エンプクらが率いたこの組織の働きが評価され、陸軍二世部隊・第四四二大隊が編制される一つの理由となったのである。

スタンレー・イトウはこんな二人のメガネに適《かな》ったわけである。

とくにイチノセの「才能を見出す優れた眼力」（rare eye for talent）は、世界王者の〝卵〟を見出しただけではなくて、名トレーナーをも発掘してみせたのである。

一九五〇（昭和二五）年、ライト級の世界王者に二度輝いた黒人ボクサー、ボウ・ジャック（Beau Jack）〔本名Sidney Walker〕がハワイに来たとき、イチノセは彼のトレーナーをスタンレー・イトウに任せている。イトウなら大丈夫、うまくやれるとの安心感と信頼があってのことだろう。虎の子の世界王者ダド・マリノをイトウにゆだねたことも同じ意味であったろう。

ちなみに、ボウ・ジャックはジョージア州オーガスタ出身で、幼いころからオーガスタの町中で、靴磨きで生計を立てていた。そして一五歳のときに、わずかな収入を補うために「バトル・ロイヤル」(battles royal)に出るようになったのである。これは目隠しをした六人の黒人男性が全員を敵に回して最後の一人になるまで戦うという白人の金持ち相手の極めて残酷な見せ物であり、チビだったにもかかわらずジャックはしばしば勝者となった。

このバトル・ロイヤルはオーガスタ・ナショナル・ゴルフクラブでも催されることがあったらしく、ジャックはここで一度戦ったあと、雇われてキャディになっている。そして、たちまちクラブのメンバーたちから頼りにされる存在となり、そのうちの一人が伝説のゴルファー、ボビー・ジョーンズだったのである。ジョーンズはファイターとしてのジャックの天賦《てんぷ》の才を惜《お》しんでいたにちがいない。そこで彼が資金を提供し、ジャックにボクシングを学ばせたのだ。

ジャックは、スパーリング相手に報酬をその場で現金で支払うなど、その人柄もとても誠実でいい人だったと、後にスタンレーは語っている。

もう一つ付け加えておくならば、聞いた話だとラルフ・エンプクは、ビートルズの来日公演に際しても一役買っていたらしい。

プロモーターというのは表に出にくい役柄（裏方）であり、彼の仕事を細大漏《さいだいも》らさず列挙できたらおもしろい。

二つの祖国

さて、次章ではハワイにおられる日系人の歴史をふりかえってみたいと思う。

こういうと、「え？　ボクシングの本じゃないの。なのに、どうして日系人の歴史なの？」こう訝《いぶか》る人も大勢いよう。だがそれには一つの訳《わけ》がある。

つまり、日本は物価が下がるデフレがつづき、デフレ脱却と騒いでいるが、それでも生活費はハワイのほうがよっぽど安く上がるので、わたしは年に二度はハワイに行って、しばらく過ごして帰ってくる。そのため日系人にも知り合いがおり、日系社会もなんとなくだが感覚的に理解できる。

ところが今回、スタンレー・イトウの本を書こうと思ったとき気づかされた一事があった。それは日系人の歴史についてきちんと学んでこなかったこと。どうしてハワイにこんなに多くの日系人がいるのだろうか。また、どうして彼らは戦後われわれを助けてくれたのか。

ハワイといえば、ダニエル・イノウエという人物がいた。ホノルル出身の日系人で（祖父母が福岡県からハワイに移住）、一九二四年生まれだそうだからスタンレー・イトウと同《おな》い年《どし》だ。

きわめて著名な政治家であり、米上院議員に連続九回当選し、一〇選目をめざして次の選挙も出馬する意向だったというが、二〇一二（平成二四）年一二月、八八歳で逝去した。民主党の重鎮で上院最古参の議員であった。しかも二〇一〇（平成二二）年以降は「上院議長代行」にもついており、これは大統領の継承順位が三位にあたる重職である。すなわち大統領が死亡するなどした場合、副大統領（上院議長兼務）があとを継ぐ。その副大統領もだめな場合は下院議長がとなるのだが、それもだめな場合には上院議長代行が大統領の任につく。

葬儀にはオバマ大統領のほかバイデン副大統領やクリントン元大統領らも参列し、ホノルル生まれで同郷のオバマ大統領があいさつに立ち、「イノウエ氏は私に最初の政治の道へと進むきっかけを与えてくれた」と語ったそうだ（日本経済新聞２０１２・12・22）。

さて、興味深いことに上院議員イノウエは日系人ではあるものの、政治の世界で日本をひいきすることはなく、一九八〇年代の日米貿易摩擦に際しても対日批判の急先鋒に立っていた。米国で公職についている以上、相手が日本であろうがどこであろうが米国の国益を守らんとして鬼になるのは当然である。ところがここしばらくは姿勢が変化し、晩年は議会きっての親日派として発言し、日本側に肩入れする場面が多かった。

変貌の理由はなんだろう。

一つには日米の間で大きな利害の対立がなくなったことがあるという。また「イノウエ氏の日米関係への深いかかわりは、〇八年五月まで六年半も駐米大使を務めた加藤良三氏の説得も大きかった」（産経新聞２０１２・12・19）というのだが、それだけでもないだろう。ありきたりな見方になってしまうが、サッド・サム・イチノセにも共通することとしての「二つの祖国」ではなかったか。米国という生まれ育った二つとない祖国に比べれば取るに足らない存在であれ、祖父母や親の祖国日本もまたささやかながらももう一つの

「祖国」でなかったか。

きたないジャップ

『上院議員ダニエル・イノウエ自伝—ワシントンへの道』(彩流社)を読むと、一九四一(昭和一六)年の真珠湾(パールハーバー)奇襲攻撃を次のように記している。このとき彼は一七歳で、上空には空母から飛来した日本軍機が舞っていた。

ラジオの声はどなっていた。「こんどは訓練飛行じゃない! パールハーバーが日本軍に爆撃されている!……日本の戦闘機、目下オアフを攻撃中!」……日系の一老人が、わたしの自転車のハンドルをひっつかんだ。「だれのしわざだ!」金切声でくってかかった。「ドイツ人か。ドイツ人にきまっているぞ!」……涙で目がかすんだ。……ああ、このおじいさんもかわいそうだ、と思う涙なのだ。いままで必死に働いてきた人たちである。アメリカ社会にうけいれられたい、りっぱなアメリカ人になりたい、というのが悲願であった。ところがいまや……その悲願はいっさい画餅《がべい》に帰してしまったらしい。

……私は空をきっと見上げて、叫んだ。「このきたないジャップめ！」なんでこんなことをしでかしたんだ。どうして、平和なくらしをさせてくれないんだ。

日本人を「ジャップ」とののしるイノウエは正真正銘の米国人だ。この二年前には日本語学校と縁を切り、二度と戻らなかったとも記している。日本人教師が「国（＝日本）に忠義を尽くす。これがおかしいと思う余地は絶対ない。日本のお上の命令があれば、体に流れているのは日本人の血なのだっていうことを、心得ていなくちゃならんぞ」といい、キリスト教と聖書を冷笑したので、クリスチャンであるイノウエは我慢がならなくなったのだ。

だが、いくら米国人だと自任しても、白人の目に映る姿形は「日本人」だ。イノウエ自身も白人たちから「ジャップ」と見られ、ここにこそ日系人の苦悩と宿命があったのである。イノウエはいう。

パールハーバーの石油火災から渦巻いてあがる大きな油煙のように、私の夢という夢も、渦巻きみたいに動いて、手が届かなくなったようである。ハワイの一五万八〇〇〇の日系アメリカ人が一様においっているつらい心の重荷を、私もいっぱいにおっていたのである。……この国が敵の気まぐれな攻撃目標だった、というだけではすむまい。……敵と顔つきがそっくりなので、無数のアメリカ人がいだいている露骨な敵意が、いつか不意に私たちにむけられるかもしれない。……敵打倒のためにどれだけ身を砕いても、日系アメリカ人を「きたないジャップ」とみるアメリカ人は、あとをたたないだろう。それどころか、「きたないジャップ」と、きこえよがしにいうむきさえいるだろう。

日本は夢を――自分の将来を台なしにした憎い「敵」であり、この気持ちは痛いほどよく理解できる。

だが、時が過ぎ、自身が老境に入ったとき、日本という存在がこれまでとはちがって見えてきた。そして勝手な想像にすぎないものの、心のなかで「許し」が進み、米国に次ぐ第二の「祖国」となったのか。

いっぽう、スタンレー・イトウはどうだったのか。

一度だけだが、戦時中の様子をたずねてみたら、「たいへんだったよ、街中で……」、こうぼそっともらしただけだった。詮索《せんさく》しすぎては失礼なのでそれ以上は聞かずに話題を変えた。「ジャップ」に奇襲攻撃されたハワイにあって、戦時中、日系人がいかに辛酸《しんさん》をなめたのか、それを想像させるのに余りある一言にちがいない。

人種的偏見、そして「ジャップ」に向けられた敵意と憎悪……。

だが、日系人はあきらめないし、ひるみもしない。そうした容易ならざる状況を自らの手で覆《くつがえ》し、米国人として「一人前の市民の身分」（イノウエ）を獲得してみせたのだ。ただし、払った犠牲も少なくはなく、イノウエにせよ命は落とさずにすんだものの、ドイツ兵が至近距離から放った擲弾《てきだん》で右腕を失うことになり、外科医となる夢を断念し長い療養生活を余儀なくされた。

この話はあとで詳述するが、その前にまず次章「ハワイに渡った日本人」で、明治以降日本人がどのような経緯でハワイに定住するに至ったか、そのあたりの事情などを、時間を追って見ていこう。

第二章

ハワイに渡った日本人

ロシアの軍艦ナデジュダ号から眺めたハワイ

成田国際空港からハワイ・ホノルル国際空港までは旅客機でおよそ七時間。ハワイには毎年一〇〇万人をゆうに超す日本人観光客が渡航する。最も人気の海外旅行先の一つであろう。

このハワイを初めて訪れた日本人はいったい誰であったのか。

日本列島とハワイ諸島は太平洋でつながっている。大昔、大海原へ船で漕《こ》ぎだした漁民か水主《かこ》（船乗り）が渡る気などなかったのに悪天候のため遭難し、流れ流れて何千里、もはやこれまでと観念したとき遠くに島影が見えてきた。それがハワイであったとしても不思議でもなんでもないだろう。

とはいえ、たしかな記録が残っているのは近世以降、江戸時代後期に入ってからだ。

たとえば一八〇四（文化元）年のことだった。長崎に来航したロシアの軍艦ナデジュダ号に四人の日本人が乗っていた。さかのぼること一一年前の一七九三（寛政五）年、彼らは船頭以下総勢一六名で八百石積の廻船若宮丸に乗り込んで奥州牡鹿《おしか》郡石巻から江戸をめざして出帆したのだ。ところが強風のために遭難し、何か月も漂流したあと、アリューシャン列島のウナラスカ島にたどり着いたそうである（ここは今では米国アラスカ州に属しているが、当時はロシアの領土であった。遠いところへ流されていったものである）。

その後、助けられた一行は、シベリア、バイカル湖の西約六〇キロのイルクーツクへ送られた。そして一八〇三（享和三）年、ロシアの首都ペテルブルグに招かれたとき、三人はすでに病死していて、一六人から一三人に減っていた。さらに、そのうちの三人も首都への旅の途中で病にかかり、ペテルブルグで皇帝アレクサンドル一世に拝謁《はいえつ》できたのは一〇人だったそうである。

そして、このときに日本への帰還を願い出た四人の者が遣日使節レザノフを乗せ日本をめざすナデジュダ号に便乗し、帰国することになったのである。

さて、クロンシタット軍港を出帆し、遠路はるばる長崎に向かったこの軍艦が翌一八〇四（文化元）年、途中で立ち寄った島の一つがサンドウィッチ諸島（ハワイ諸島）だったのである。

太平洋のど真ん中、ようやくたどり着いた島である。喜び勇んで上陸するかと思いきや、近くまで船を寄せただけ。港には着岸しないで、夜になると逃げるかのようにして沖へ出た。

ナデジュダ号のロシア人はこのときなにを恐れていたのだろうか。フランス人だ。島にはフランス人が滞在しており、罠《わな》にかけられてたまるかと用心していたわけである。

つまり、一八〇四年といえばナポレオン一世が戴冠《たいかん》式を行って皇帝となった年である（第一帝政）。これ以前から彼は侵略に明け暮れており（ナポレオン戦争）、それに対抗するために英国やロシア、オランダ、プロイセンなどの国々が断続的に同盟を結んでいた時期である（対仏大同盟）。このときはまだ両国は戦争状態になかったものの（ナポレオンがアウステルリッツの会戦でロシア・オーストリア連合軍を撃破するのは翌一八〇五年の出来事である）、疑心暗鬼になっていた。

そこで港には着岸しないで漕ぎ寄せてきた島民の船からブタを買っただけだったのだ。それでも、このときに若宮丸の元水主《かこ》たちが船の上から垣間見た島と島民の姿形が書物のなかに記されている。『環海異聞《かんかいいぶん》』という本であり、これが記録として残されている、日本人による史上初のハワイ見聞記であるという（島岡宏『ハワイ移民の歴史』国書刊行会）。

彼らから話を聞き取り、漂流から帰国までの見聞録を『環海異聞』にまとめたのは仙台藩の藩医・蘭学者大槻玄沢《おおつきげんたく》と儒学者志村弘強《ひろゆき》だった。参考までにそのなかからハワイの個所だけ引用すると、次のようになっている（海外渡航記叢書2『環海異聞』池田晧訳、雄松堂出版）。

島の長さはマルケサス（南太平洋マルキーズ諸島：引用者注）より大きいように見えた（伊豆の大島ほどもあるだろうか）。島中には山も見えた。ただし高山とは見えなかった。……島民はマルケサス人が乗っているのと同様の船にのって来た。それを見ると、男は髪をざん切りにしていた。甚《はなは》だ奇怪なことがあった。それは必ず前歯を二本抜いていることだった。身長は日本人ほどあるだろう。女は髪を長くし、額の上の所を少しざん切りにし、その部分の髪の毛は真っ白である。……船中の人がいった。この島は日本の国土に近く、日本の前の海ともいうべきで、辰巳《たつみ》（南東）の方へ少し寄った所であると、図を出して示した。

ハワイは当時、米国の領土ではなく、カメハメハ大王が打ち立てたハワイ王国の時代であった。

その後も漂流中に外国船に救助され、ハワイに上陸した日本人がさらに幾人かいたようである。

めずらしいところでは一八五九（安政六）年、江戸の芸者小染《こそめ》が上方見物に行くために三浦半島浦賀から船に乗ったところ遠州灘で遭難し、六〇日もたってからハワイに漂着したという。小染はのちに宣教師と渡米して洗礼を受けたそうであり、一八七七（明治一〇）年ごろまで音信があったといわれている（大阪毎日新聞1935・2・17）。漂流者では紅一点であるという。

そして、幕末、一八六〇（万延元）年のことだった。米国の軍艦ポーハタン号に乗り込んで太平洋を横断中の遣米使節団の一行がオアフ島ホノルルに上陸しカメハメハ四世に謁《えっ》見《けん》したのだ（このとき護衛艦として随行したのが、勝義邦［海舟］が艦長をつとめる咸臨《かんりん》丸だ）。もともとは米国西海岸サンフランシスコに直航するつもりだったというが、太平洋上で逆風にあい、予定を急遽《きゅうきょ》変更しホノルルに立ち寄ったということらしい。使節団の随員が残した記録によると、ホノルルの人口は約八〇〇〇人で、その内訳はポリネシア系七〇〇〇人のほか、米国人五〇〇人、英国人二〇〇人、中国人二五〇人、アフリカ系五〇人だったそうである。現在の人口九五万人に比べると一〇〇分の一以下の少なさであり、当然のことながら日本人は誰一人いないころだった。

移民のさきがけ「元年者」

そしていよいよハワイへの日本人の移民が始まるわけだ。一八六八（明治元）年、ホノルルに上陸した一五三人の日本人がハワイへの初の移民であって、この人たちは明治元年に渡航したから「元年者」と呼ばれるそうだ。今でいう日系アメリカ人の歴史がこのとき初めて刻まれたのだ。もっとも、

初期の漂流者を別として、日本人が集団的に布哇《ハワイ》に渡航したのは、明治元年の百五十三名が最初である。然《しか》し之《これ》は臨時の移民であつて、其後《そのご》十八年間日本移民のハワイ渡航は全く途絶した……

（『大日本海外移住民史第一編布哇』海外調査会）

「臨時の移民」とあるように、明治元年、最初の移民は日本国政府とハワイ王国の取り決めによる正式なものではなかったわけだ。

それどころか王国側は明治新政府から一五三人の出国許可を得ていなかった。王国はまず日本との間で通商条約を締結し、そのうえで移民を受け入れるつもりであったというが、

当時の日本はいまだ内戦（戊辰《ぼしん》戦争）の真っ只中で、それどころではなかったにちがいない。交渉は遅々として進まず、暗礁《あんしょう》に乗り上げたかっこうだった。

そんななか王国側は痺《しび》れを切らし、駐日総領事ヴァン・リードの判断で非常手段に訴えた。日本側との外交交渉を断念し、のちに元年者と呼ばれる一五三人の日本人を許しもないのに英国船に乗船させて勝手にハワイに運んだのだ。日本側としてみれば不当に連れ去られたかっこうであり、「移民誘拐事件」と非難して外交問題にまで発展したのだ。

それにしても、なぜハワイ王国は日本からの移民をそれほどまでに求めていたか。一言でいえば労働力が——安上がりで勤勉で役に立つ労働力がほしかった。

ハワイは捕鯨で栄えた時期がある。一九世紀中頃が米国式捕鯨の最盛期にあたっていて、七〇〇隻を超す米国船と二〇〇隻を超す他国の船が操業し、寄港地の一つがハワイであった。ところが石油が鯨油にとって代わり、捕鯨が急速に衰退すると、新たな基幹産業となったのが製糖業で、砂糖キビの栽培が隆盛を極めるようになっていた。つまり、それに従事する労働力が是が非でも必要だったのだ。

ところが、外国から入ってきた伝染病がハワイの各地で猛威をふるい、ポリネシア系の島民が激減したのだそうである。そのため労働力不足は深刻だった。そこで一八五一（嘉永四）年以来、中国人を農場労働者として受け入れてきて、その数二万人以上ともいわれている。しかし、彼らは「性質頑迷《がんめい》にして風俗習慣等も頗《すこぶ》る排他的なる為《た》めに、後年布哇の社会に禍根《かこん》を残すに至りはしないかと云《い》ふ憂慮が深かつた」（大日本海外移住民史第一編）。

そして、中国人にとって代わる新たな労働力として目をつけたのが日本人であったわけである。

ところが求められて渡ったハワイであるが、元年者を待っていたのは「月四ドルの安い報酬と、炎天下の長時間労働という半奴隷的」な境遇だった（ハワイ移民の歴史）。砂糖キビプランテーションを経営するのは米国から移住してきた白人たちだ。

各砂糖キビプランテーションに配分された元年者出稼ぎ移民は、まもなく、炎天下で慣れない長時間労働に直面し、奴隷に等しい冷酷な待遇に横浜出航当時の夢を無惨に打ち砕かれることとなった（同前）。

本格化する移民の渡航

そして時は流れ、一八八五（明治一八）年二月であった。

所謂《いわゆる》官約第一回船東京市号（ザ・シチイ・オブ・トウキヨウ）が最初の移民九百四十八人を布哇《ハワイ》に運び以後毎年二回乃至《ないし》三回宛《ずつ》移民船は布哇に航行して、明治二十七年六月十三日ホノルルに到着したる第二十六回船三池丸まで継続した。此間《このかん》布哇に渡航した日本人の総数は実に二万九千三十九人に上る。官約移民の廃止に次いで、明治二十七年七月には民間移民会社の取扱ひに依《よ》る所謂私的移民の渡航となり、之《これ》が明治三十三年（一九〇〇）六月迄《まで》継続し、此間四万二百八人の渡航をみてゐる。

（大日本海外移住民史第一編　傍点：引用者）

一七年間もの空白ののちハワイへの移民が再開された。

「官約」とは官と官との約束という意味であり、今回は「誘拐」などではなくて、日本国政府と王国の合意に基づくものだった。

ただし、すんなりと合意に至ったわけでない。まず一八八一（明治一四）年にハワイのカラカウア王が世界旅行の途中で日本へ立ち寄り、明治天皇と会見したほか、移民をあらためて希望したという。このころハワイはポリネシア系の島民がさらに減り、労働力不足は深刻さの度合いを増していた。

そして翌年、ハワイ王国は全権公使を日本へ送り、外務卿井上馨《かおる》と交渉させた。「然《しか》し乍《なが》ら此時《このとき》は未《いま》だ対外関係及《および》国内事情に於《おい》ても困難な立場に在《あ》つた日本政府を動かすことは出来なかつた」（大日本海外移住民史第一編）

対外関係も国内事情も困難とある。説明すると、一八八二（明治一五）年は、国内では参議大隈重信が政府から追放された「明治一四年の政変」の翌年であり、朝鮮半島では朝鮮の首都漢城（現ソウル）では「壬午《じんご》軍乱」が起きていた。これは待遇に不満をもった朝鮮の軍人たちが暴徒となって争乱を起こした事件であって、日本公使館が襲撃されて日本人にも犠牲者が出た。このように内外とも波乱含みで王国からの求めに対し親身に耳を傾ける余裕などまったくなかったにちがいない。

だが、王国側は粘り強かった。

一八八四（明治一七）年、後任の全権公使が来日し、井上と会見したのであった。その後、全権公使は宮中で明治天皇に拝謁し、カラカウア王の信任状を奉呈し、移民を再開するという自らの使命を奏上すると、天皇は「御機嫌いとも御麗《おんうるわ》しく『貴下の使命が日布両国互《たがい》に満足するやう成功することを望む』と仰《おお》せられた」（大日本海外移住民史第一編）。

このような前向きな言葉を得ることができ、勇気百倍であったろう。全権公使は井上のもとを再度訪れ、天皇の言葉が効いたのか、井上から得た回答は「日本としては移民条約は締結できないものの、移民を送る契約ならば結べぬこともないだろう。貴国のために努力してみよう」というものだった。

これに対して王国側は、移民と家族を横浜からハワイまで無賃で渡航させるほか、その妻も含めて就業先を保証する、また職を得るまでは「相当ノ便宜アル宿所」を用意するなどいくつかの契約条項案を提示して合意に至り、移民が再開されたのである。

また、井上の言葉にもあったように日本側は移民条約の締結を渋っていたが、移民再開の翌年一八八六（明治一九）年に日布渡航条約（移民条約）を締結し、渡航に弾みがついている。

ハワイにとっては待ちに待った移民であった。歓迎されたのはいうまでもなく、

　ホノルル到着後は、移民収容所に入れられたが、一般から歓待せられ、時の国王カラカウアは自《み》づから親しく移民収容所を訪《おとな》はれ、移民の為《ため》無聊《ぶりょう》を慰《なぐさ》めんとの深き思召《おぼしめし》から、態々《わざわざ》フラ踊を催《もよお》さしめられた。之《これ》に対して官約移民側は、相撲、剣術、踊り等を演じ国王の天覧に供し、国王は、一弗《ドル》宛《ずつ》の御褒美を彼等に賜《たま》はつたと伝へられてゐる。

（大日本海外移住民史第一編）

こうして再開された移民であったが、待ち受けていたのは果たせるかな過酷な現実だった。

わたしもこれまで何度か行ったホノルル・ビショップ博物館に、一八九〇（明治二三）年に撮影された有名な一枚の写真が残っている。写っているのはそれこそこれ以上はないという木の枝で組み立てられた粗末な三棟の掘っ立て小屋で、屋根は砂糖キビの枯れ葉で葺《ふ》いてある。雨でもふれば容赦なく吹き込むことだろう。そして小屋の前には赤ん坊三人を含めて八人の人。官約移民の住居であって、この写真を見るだけで彼らの境遇が想像できる。

米国によるハワイ併合

さて、このころハワイ王国は暗雲がたちこめていた。

というのは米国から入植してきた砂糖キビ業者らが米国へのハワイ併合をもくろんでおり、王国自体もポリネシア系の島民が減少するいっぽうで外国からの移民が急増したため独立の基盤そのものが大きくゆらいでいたのであった。

そして運命の一八九三（明治二六）年がやって来た。年明け早々、

ハワイ革命という予期せぬ出来事が起こった。遂にカメハメハ第一世王以来百二十年間続いたハワイ王朝は一八九三年一月十七日をもって崩壊した。ハワイ革命は、改革派がアメリカ公使スチブンスンに武装兵士の上陸を要請して決着がついた。要請をうけたアメリカ公使は公館およびアメリカ人居留民の保護を名目として、在泊中の軍艦ボストン号の水兵に大砲の陸揚げを命じ、このため抗戦力のないハワイ政府がこれに屈して幕が閉じられたのである。リリオカラニ女王は悲痛な退位宣言を残して女王の地位を退いた。

（ハワイ移民の歴史）

ハワイ王国が武力で打倒されたのである。

王国最後の女王リリオカラニ（リリウオカラニ）はカラカウア王の妹であり、在位三年目のこの年に新憲法の公布を考えていた。三分の二に及ぶハワイの土地が米国人をはじめとする外国人に支配されている。それに対して女王はハワイ人のためのハワイを掲げ、新憲法の公布には権力を王の手に取り戻そうとするねらいがあった。これに危機感を抱いた既得権者の白人などが「革命」で王国を滅ぼしたのだ。

この「革命」劇に対して日本も動いた。在留邦人保護の名分の下、軍艦浪速《なにわ》（艦長東郷平八郎）を急派してホノルルに入港させたのである。米国を敵に回した武力行使には至っていないが、圧力をかけたということなのか（軍艦浪速のハワイ派遣はこのほかにもまだあった。一八九七＝明治三〇年、移民上陸拒否事件が発生し、外交問題に進展したとき、外務省の参事官や各紙の新聞記者を乗せ、ホノルルに入港したことがある。上陸拒否は移民を送り出していた移民会社同士のいざこざが元はといえば原因だった。同胞を食い物にして暴利をむさぼる卑劣な業者もいたのであった）。

ちなみに王位につく前、宮廷社交界の花形だったリリウオカラニがつくった曲があのハワイアンの名曲「アロハ・オエ」だったのである。この曲を聞いたことのない人はおそらくどこにもいないだろう。

さらに「革命」の翌年にはハワイ共和国の樹立に至り、一八九五（明治二八）年、追いつめられたリリウオカラニは王位奪還をめざして蜂起する。だが、それも無惨な結果に終わり、一八九八（明治三一）年、ハワイはとうとう米国領となったのだ。そして一九〇〇（明治三三）年に米国の準州となるのだが、五〇番目の州として連邦に加盟できたのは六〇年近くもあとだった（一九五九＝昭和三四年）。

排日移民法

話が長くなってしまったが、明治時代にだけ限ってみても日本とハワイの間にはこれだけの歴史があったということを、簡単にだが見ておきたいと思ったわけだ。

ところで、スタンレー・イトウの生年は大正時代、一九二四年だと前に書いた。

この一九二四年は特別な意味をもつ年であり、米国で「排日移民法」が施行され、これを境に米国と日本の関係は冬の時代に入っていく。

少しくわしく見ていこう。

日本移民排斥はさかのぼること数十年前、米国本土に日系移民が数千人しかいなかった一九世紀末から始まっている。背景にあるのは人種的偏見だったろう。

二〇世紀に入ると、カリフォルニア州など西部諸州でそれが次第に激しさを増し、日系移民襲撃事件が頻発したほか、一九〇六（明治三九）年にはサンフランシスコで日本人学童隔離問題まで起こっている。公立学校から締め出したのだ。

こうした事態に日本政府は、学童隔離問題の解決を米国側に求める代わりに、日本人がハワイを経由し米国本土に渡ることを禁止する措置を是認した。

つまり、このころになると新天地を求めてハワイから米国本土に渡る者が増えていた。ハワイの資本家、製糖業者らはおもしろくない。日本人が大陸へ大量に流出すると労働力の枯渇《こかつ》を招くからだ。そこで、ハワイから大陸への渡航禁止を議会に働きかけるようになっており、ハワイに住む日本人は既得権を侵害し自由を束縛するこうした動きに反対運動を起こしていた。

ところが、このとき日本政府は米国政府によるハワイ経由での渡航禁止を認める立場をとったのである。学童隔離問題の速やかなる解決がその交換条件だったのだ（隔離措置は大統領の働きかけにより翌年撤回)。この問題が紛糾し、両国の外交関係に悪影響を及ぼすことを懸念したのだそうである。

また、そもそも日本移民のハワイからの大量移入が米国人の排日感情を刺激しているきらいがあった。つまり、「大挙して布哇《ハワイ》より転航したる日本人は、其《そ》の外見的風俗習慣に遺憾なる点あり、群《むれ》を為《な》して押寄《おしよ》せた為《た》め、白人労働団体から著しく問題化されて、排日気勢は愈々《いよいよ》濃厚化しつゝあつた」(大日本海外移住民史第一編)。

こんなこともあり日本政府はハワイからの渡航禁止に反対しないで、いうなれば穏便にすませたわけだ。

それだけではない。日本人に対する差別の沈静化をはかるため、一九〇八(明治四一)年、日本政府はこのうえさらに「日米紳士協約」を締結し、米国への移民を自粛する措置をとっている。これにより渡米できる日本人は、米国にすでに定住する者、またはこれらの者の両親、妻あるいは二〇歳以下の子どもだけとなったのである。一言でいえば、もうそちらに日本人はそんなに大勢行きませんからどうぞ事を荒立てないでくださいと下手に出た意味がある。

日本人は帰化不能外国人

　ところが、排日の動きは止まらなかった。

　明治から大正に入った直後であった。一九一三（大正二）年、カリフォルニア州法が外国人の土地所有を禁じたのであり、次いで借地も禁じられた。土地を必要とする農業に従事する日本人を標的にしたのは疑いがない。そしてとうとう日本人への門戸を閉ざし、新たな移住を許さない「排日移民法」の成立に至るのである。

　ただし注意が必要だと思うのは「排日移民法」というのは通称であり、正しくは「国別割当移民法」と呼ぶのがいいらしい。

　また、この法律による主な排除の対象は、日本人ではなく、東欧、南欧からの移民であった。「日本移民を禁止する、日本人を移民として今後新たに受け入れない」という文言は一言も書かれていなかった。法律で実際に謳《うた》われたのは「帰化不能外国人」の移民の全面禁止であった。

　では、どうして「排日移民法」と呼ぶようになったのか。

　実はこれ以前から日本人を含むアジア地域の人々は、米国で生まれた二世を除き、「帰化不能外国人」と規定されていたのであった。「帰化不能」とは米国の市民権を得られない（米国市民にはなれない）との意味であり、被差別的地位にあったのである。

いっぽう、中国人の移民については遥か前から禁止されていたこともあり（一八八二年「中国人移民禁止法」）、アジアからの移民といえば、ほとんどが日本人であったのだ。

したがって「帰化不能外国人」の移民を禁止するということは、実質的には日本人を狙い撃ちにしたものであり、だからこそ「排日移民法」と呼ばれたわけである。

東欧、南欧の人々は同じく排除の対象となったものの、「帰化不能外国人」とされてはおらず、一定の手続きを踏めば市民権を獲得できた。そんなところにこの法律の差別的な意図があらわれている。

もちろんすべての米国人が排日に賛成したのではない。公聴会では親日派（反排日派）の意見も相次いだ。だが、人種的偏見に加え、黄色人種がやがて世界に災厄をもたらすという「黄禍論《こうか》」が広まっていたせいもあり、排日派の勝利に終わったわけだ。

米国はすでに中国からの移民を止めており、さらには日本を除くアジア・太平洋諸島からの移民も禁止した。そしてとうとう同種の処置が日本人にも及んできたかっこうだったのである。

「排日移民法」施行のわずか三日前、一九二四年六月二八日、ホノルルに一隻の船が入港してきた。最後の移民船笠戸丸だ。日米紳士協定が結ばれてから日本からハワイへ（米国へ）という滔々《とうとう》たる移民の流れは涸《か》れ川のごとくなっていた。そして「排日移民法」が施行されると両親や妻、子どもといった家族の呼び寄せですら認められず、それがとうとう完全に断ち切られることになったのである。

この差別的な扱いは日本人の誇りや自尊心といった感情をいちじるしく傷つけるものであったから、明治以来の親米的国論はなりをひそめ、一気に反米に傾く結果となった。「排日移民法」の五年前、一九一九（大正八）年、フランスで第一次世界大戦の戦後処理を話し合うパリ講和会議（ベルサイユ会議）が開かれた。この会議に敗戦国は招かれず、最重要問題は五大国の間で協議された。五大国とは米英仏と、イタリアそして日本である。これによりやっと一等国の仲間入りを果たしたと自負していたころだったから、屈辱的な扱いに世論がわいた面もある。

この結果、日米開戦論でさえ論じられるようになったのであり、戦争はやがて昭和に入り現実のものとなってしまう。一九四一（昭和一六）年一二月七日（日本時間八日）朝だった。ひそかにハワイ近海に接近してきた日本の空母機動部隊から航空機三五三機が来襲してきて、オアフ島真珠湾《パールハーバー》の海軍基地や航空基地を奇襲攻撃、太平洋戦争が始まったのだ。

リメンバー・パールハーバー（真珠湾を忘れるな）！

軍国日本の宣戦布告なき、いうなれば卑怯《ひきょう》な不意打ちにより米国に住む日系人にも憎悪の視線が向けられたのだ。

営々と築き上げてきたすべてのものがあっという間に祖国によって台なしにされた瞬間だった……。

第三章 —— 試練の時

一〇等市民

太平洋戦争は、英領マレー半島コタ・バルへの敵前奇襲上陸と真珠湾奇襲攻撃という宣戦布告がなされる前の二つの奇襲作戦により火蓋《ひぶた》をきった。

だが、この戦争中、ハワイは再び戦場とならずにすんでいる。そのうえ太平洋戦線の兵《へい》站《たん》基地となったため物資や人が多く集まり好況にわいたそうである。

だが、その恩恵の一部に浴したものの日系人にとってみるならまさに試練の時だったのだ。イノウエはいう。

屈辱や差別や、それどころか抑留さえも免《まぬが》れられなかった。真珠湾攻撃直後、ハワイ諸島には戒厳令がしかれ、およそ一、五〇〇人の日系人が、たいていは市民権のない外国人（一世）だが、検挙の対象となり、特別収容所に監禁されたのである。……個人の自由が脅《おびや》かされることのない私たちでさえも、白人にうさんくさくみられて、さすような痛みを思いしった。白人が冷笑をあびせながらとおりすぎていく通りで、それを思いしった。

（自伝）

ラルフ・エンプクに至っては当時の模様を振り返り、次のように話している。

戦前、ハワイにいた日系人は三等市民でした。日本が真珠湾を攻撃したとき、日系人はそれこそ一〇等市民にまで突き落とされました。（引き裂かれた家族）

「一〇等市民」とは、それこそこれ以下はないとの意味だろう。どん底といってもよさそうである。

しかし、またエンプクは次のようにも述べている。

戦争は、日系二世にとっては不幸な出来事だったが、じつは隠された恩恵でもあったと思う。逆境に対して勇敢に立ち向かい、アメリカ人としての身の証《あかし》を立てようとして、多くの二世が戦場で命を落とした。だが、彼らの死は無駄ではなかった。彼らの勇気のおかげで、二世は政治、社会、経済の分野に進出することができたのだから。今の世の中では、私の息子も他の日系アメリカ人の子どもも、かつてのように三等市民、一〇〇パーセント信頼されてはいない、という気兼ねとは、無縁でいる。戦死した二世の若者たちは、次の世代に大きな可能性を開く道を用意したのだ。

（荒了寛『ハワイ日系米兵』平凡社）

第四四二歩兵連隊戦闘部隊

エンプクの先の言葉は禍《わざわい》を転じて福と為《な》す、というような意味なのだろうが、「多くの二世が戦場で命を落とした」とあるように、そんなお気楽なものでない。また、戦場で命を落としたとはどういうことか。

開戦後、敵視された日系人は屈辱的な処遇を余儀なくされた。その最も大きな一つが強制収容所での抑留であり、米国本土では市民権をもつ、もたないに拘わらず一一万人が強制退去と収容所送りとなったのである。

ハワイでも先のイノウエの文によるならば一五〇〇人が収容所へ連行されたが、そのほとんどは市民権をもたない一世であり、また一部をのぞき終戦までに解放されたようである。ハワイでは日系人を擁護する論調があったほか、当時はハワイ諸島の総人口の約四〇パーセントが日系人で占められていた。収容所送りにするにはあまりにも人数が多すぎたうえ（ハワイ諸島のどこに収容所を建てるのか！）、日系人抜きでは経済や社会の歯車が回らなかったにちがいない。

それでも武器はもちろん、短波ラジオや地図などの所持は禁じられ、憲兵やＦＢＩがやって来て自宅のなかまで捜索された。銃などをもたせていたら、なにをしでかすかわからんと、軍に入隊していた日系二世の「武装解除」も進められ、州兵だった場合には一人残らず除隊となった。

そんななか一つの転機が訪れたのだ。二世からなる日系人部隊の編制である。

その草分けは元州兵と、開戦前から徴兵されていた者たちを一つにまとめた歩兵大隊だったのであり、一九四二（昭和一七）年、ホノルルを離れてカリフォルニア州オークランドに着いた時点で「第一〇〇歩兵大隊」と命名された（第四四二部隊に後に合流）。

さらに翌一九四三（昭和一八）年に入ると、陸軍長官が許可した、徴兵ではなく志願者からなる二世部隊の結成をローズベルト大統領が承認し、あの名高い第四四二歩兵連隊戦闘部隊（第四四二部隊）の誕生へと至るのである。

ドイツ軍との主戦場、欧州戦線に送られた第四四二部隊の数ある戦闘のなかでも最大の激戦として知られているのは「失われた大隊」（Lost Battalion）の救出作戦であったろう。「失われた大隊」とはテキサス州兵により編制された第三六師団第一四一歩兵連隊第一大隊、通称「テキサス大隊」を指すものであり、この大隊はフランス北東部ボージュ山脈でドイツ軍の反撃にあい、味方と分断された結果、弾薬も食糧も底を突き、壊滅寸前だったのである。この救出に向かったのが第四四二部隊であったのだ。

だが、この任務は過酷極まるものであり、最後は肉弾戦もどきに打って出て、部隊史上、最大の犠牲者を出したのである。

一連の戦闘が収束したとき、第四四二部隊は将軍により撤収行進をうながされた。集結する兵士たち……。ところが、見ると頭数があまりにも少ないために不審に思った将軍は「大隊全部が顔を出すよう命令したはず。ほかの兵士はどこにいるのか」と下問したそうである。答えはこうだ。「残った者はこれで全員なのであります」。将軍は言葉を失い、しばらくして言ったのは感謝をあらわす言葉であった。死んだ者たち、重い傷をおった者たちがそれほど多数にのぼったわけだ。

米軍人最高の勲章「名誉勲章」

戦後、一九六二（昭和三七）年にハワイ州選出上院議員となるダニエル・イノウエもこの第四四二部隊の一員だった。『自伝』によると、ローズベルト大統領は部隊の結成承認に際し、忠誠な日系米国市民から「民主的な権利」を奪うようなことがあってはならぬと語ったそうだ。民主的な権利とは市民としての責任を果たす権利であって、この場合は一米国市民の立場で兵役につき敵と戦うことを指す。また、アメリカリズムとは人種や祖先の問題ではないともいったのである。イノウエはいう。

大統領のこの裏表のない言葉をしった私たちの気持ちはどうだったか。……まるでだれかに、どこか暗いところから再び日なたへつれていってもらったようなものだった。（自伝）

このあと兵役を志願する日系二世が徴兵局に殺到したという。一五〇〇人の募集に対して一万人が押しかけたため、狭き門でもあったのだ。

一八歳のイノウエも募集初日に勇躍して志願したのだが、はねられる結果に終わっている。開戦以来、応急手当所で働きつづけ、志願時にはハワイ大学医学部進学課程にいたそうであり、兵隊より医者にしたほうがよっぽど役に立ちそうという判断があっての拒否だったのか。

それでも徴兵局に通いつめ、とうとう入隊命令書を手にしたイノウエの徴兵番号は二六八五であり、部隊の二世の人数はそれよりたった一だけ多い二六八六人だったのだ。言葉としては「すべり込んだ」がふさわしい。

ところで彼は、先の「失われた大隊」救出戦に加わってはいなかった。ちょうどそのとき将校（少尉）への任官が決まったために連隊本部に呼び出され、救出劇は留守の間の出来事だった。

だが、ローズベルト大統領が脳溢血で急逝《きゅうせい》してから一〇日あまりすぎた四月二一日のことだった。イノウエは北イタリア戦線で既述のように右腕を失う重傷を負う。敵の機関銃座に手榴弾を投げつけようとした瞬間だった。わずか一〇ヤード（約九メートル）という至近距離から小銃で放たれた擲弾が右ひじに命中したという。見ると右腕は爆発まであと数秒の手榴弾を握ったまま、ひじのところでほとんどちぎれかかっている。「戻れ！」。駆け寄ってくる部下に一声叫ぶと、左手で手榴弾をもぎ取って、擲弾を撃ったドイツ兵めがけて放り投げた。さらに、立ち上がると掩蔽壕《えんぺいごう》に近づき銃を撃つ。「部下が敵の機関銃座の両側にかけあがってきた。戦いはもう九分どおりおわっていた」（自伝）。ところが、ドイツ兵の最後の一弾が右脚に命中したために体が地面に投げ出され、丘から転げ落ちていく……。ヒトラーがベルリンで自殺を遂げたのは四月三〇日だったから、それからたった九日後であり、五月八日にドイツが無条件降伏を受諾して、欧州での戦火は止んだ。

第四四二部隊は米陸軍史上、最も多くの勲章を授けられた部隊となった。ダニエル・イノウエも含めて二一人が受章した名誉勲章は軍人にとりこれ以上はないという最高の勲章であるという。

とはいえ、その代償もまた大きかった。戦死者は約七〇〇人で、それに負傷者の人数を合わせると三六〇〇人にもなるという。米軍のほかのどの部隊より死傷率が高かったのだ。

ここでラルフ・エンプクの次の言葉を思い出してもらいたい。「戦争は、日系二世にとっては不幸な出来事だったが、じつは隠された恩恵でもあったと思う。……アメリカ人としての身の証《あかし》を立てようとして、多くの二世が戦場で命を落とした。だが、彼らの死は無駄ではなかった。……戦死した二世の若者たちは、次の世代に大きな可能性を開く道を用意したのだ」（ハワイ日系米兵）。

第四四二部隊が払った犠牲は米国への忠誠の証であったのだ。だからこそ戦後になって白人たちの日系人を見る目が変化した。

もちろん日系人に対する差別や偏見は根深いもので、それだけでいっぺんに消滅するものではなかったろう。事実、ダニエル・イノウエも戦後ハワイに帰還する直前にサンフランシスコの理髪店で「ジャップの頭などからんぞ」と店の者から罵声《ばせい》を浴びた。

日系人の名誉回復にも長い時間が必要だった。戦時中の強制収容は人種差別だったとの批判が強まり、収容は「重大な誤り」だったと謝罪して、元収容者一人当たりに二万ドルの賠償金を支払う連邦法が成立したのは一九八〇年代末だったのだ。

それでも第四四二部隊が見せた尊い勇気が日系人の地位向上をうながすきっかけとなったのはまちがいがない。

君たちは敵と戦っただけでなく、人種差別とも戦った。そして勝ったのだ。

この言葉は第二次世界大戦が終結した次の年、一九四六（昭和二一）年にトルーマン大統領がワシントンで第四四二部隊を閲兵したときに語ったものだ。まさにそのとおりだったと思う。瞑目《めいもく》して二世の勇気にあらためて思いを致《いた》したい。

さて、戦争が終わって七〇年近くがすぎた今、二世部隊の闘志と功績はすでに過去のものとなり、忘れ去られてしまったろうか。

そんなことはない。わたし自身は残念ながら見にいく機会がなかったが、二〇一三（平成二五）年三月から四月にかけてホノルル・ビショップ博物館に、黄金に輝く一枚のメダルが展示されていたそうである。

これは二世部隊の退役軍人に授与された「議会名誉黄金勲章」（Congressional Gold Medal）と呼ばれるものであり、「大統領自由勲章」（Presidential Medal of Freedom）とともに文民に対して与えられる最高位の勲章となっている。

写真で見ると、勲章には次の文字が刻まれている。〈NISEI SOLDIERS OF WORLD WAR II〉〈GO FOR BROKE〉――「第二次世界大戦の二世兵士たち」「当たって砕けろ」という意味であり、オバマ大統領が授与に関わる法案にホワイトハウスで署名したのが二〇一〇年のことだった。米国では今もって称賛に値する人々として厚く遇されていることを示す一例である。
ちなみに〈GO FOR BROKE〉は本家本元の英語ではなくハワイで生まれたピジンイングリッシュであるといい、第四四二部隊のモットーだった。

第四章

世界王者、日本へ

サッド・サムの優柔不断

一九四五（昭和二〇）年、日本がポツダム宣言を受諾して太平洋戦争は連合国が勝利した。ドイツにつづき日本も無条件降伏したことにより長かった第二次世界大戦もようやく終結に至ったわけだ。

それから三年経った一九四八（昭和二三）年、サッド・サム・イチノセはハワイ準州議会の議員に当選し、二年後の五〇（昭和二五）年には「監理委員会」のメンバーに選ばれている（一九五二年六月一九日付の地元紙HONOLULU RECORDの記事〈Sad Sam Seen As Study In Indecision ; Meters Gave Saddest Day In City Hall〉の記述より。The University of Hawai'i Systemにより検索したもの）。

「監理委員会」は〈the board of supervisors〉にあてた訳であり、適切かどうかわからない。『カーン博士の肖像』は「ホノルル市に七人いるSupervisor参事の一人に任命」と記している。市政における意思決定機関の一つであったようである。

それはともかくイチノセが栄《は》えある議員に選ばれて、さらに市の要職についたということは、日系人の地位向上の一つのあらわれでなかったか。

ダニエル・イノウエとラルフ・エンプクの言葉を借りていうならば、開戦により日系人は「三等市民」から「一〇等市民」へ転落したが、二世が米国への忠誠を示した戦争を経て、悲願であった「一等市民」へ歩みはじめたといっていい。

もっとも、HONOLULU RECORD紙は〈Boxers Said Jealous〉との見出しを掲げ、イチノセのもとにいたボクサーたちの困惑について述べている。政府の仕事に時間をとられ、彼らのことがおざなりになるのではないかと恐れたわけだ。

また、この記事によると、イチノセは共和党に属したものの（ダニエル・イノウエの伝記によれば、当時のハワイは共和党の牙城であった）、筋金入りではなかったらしい。いわく「古参民主党員が近ごろ彼について話したことは、『イチノセはほかの共和党員にはない庶民性を身につけている。彼らのなかにはそうありたいと願う者もいるのだが、彼に近づけないでいる』」。

なお、記事のタイトル〈Sad Sam Seen As Study In Indecision ; Meters Gave Saddest Day In City Hall〉は、「サッド・サムの優柔不断の見本と覚《おぼ》しき……メーターが市庁舎に最も悲しき一日をもたらした」とでも訳せよう。このタイトルの由来は、パーキングメーター選定をめぐるサッド・サムの骨折り損だ。「出る杭《くい》は打たれる」であり、頭角《とうかく》をあらわせば毀誉褒貶《きよほうへん》はつきものである。サッド・サムに対してもいろいろな見方があったのだ。ここでは詳細は省《はぶ》くので、興味のある人は記事を読んでみてほしい。

ノンタイトルマッチ――ダド・マリノVS白井義男

イチノセが市の要職についたのは一九五〇年であり、その翌年、五一（昭和二六）年四月一八日付「毎日新聞」三面に「世界フライ級選手権者マリノ選手来日」とあり、次のように書いている。

世界フライ級ボクシング選手権保持者ダド・マリノ選手（比系米人）は本社の招きで五月七日サム・一ノ瀬監督およびトレーナーと共にパン・アメリカン機でホノルルを出発、九日来日、廿一《にじゅう》日夜後楽園特設リングでわが国の覇者白井義男選手と十回戦を行う。

本社は従来日本ボクシング界の発展に不断の努力を続けて来たが今回現役の世界選手権保持者を招へいすることに成功、世界的なボクシングの妙味をここに紹介するわけで、現役チャンピオンの来日はこれが初めてであり、また日本のボクサーが世界選手権保持者とグローブを交えるのも最初である。なおこの試合は朝鮮動乱慰問救恤《きゅうじゅつ》委員会の後援で国連軍傷病兵慰問救恤義援金募集のため行われる。

全日本ボクシング協会理事長本田明氏談　今回毎日新聞社の絶大な後援を得て初めて現役の世界選手権者を招きビッグ・ゲームを提供できることは望外の喜びである。協会は白井選手を鞭撻《べんたつ》して恥《はず》かしくない試合をさせたいと思う。

全日本ボクシング協会名誉会長田辺宗英氏（後楽園社長）談　十一年前に一アマ選手としてファイトしたこの後楽園リングで、今度は世界選手権保持者として晴れの姿を見せる訳で、当のマリノ選手にとっても感慨深いだろう。

白井義男選手談　幾多の先輩たちが夢に描いて実現しなかった世界のチャンピオンと、まだ新人の私がこんなに早くファイト出来るとは全く光栄に思っています。

記事のなかには「トレーナー」とだけあり名前はないが、いうまでもなくスタンレー・イトウを指している。

世界王者が日本に来て試合にのぞむとはいうものの、タイトルマッチなのではなくて、エキジビションマッチであった。世界王者の貫禄《かんろく》の技《わざ》とスピードを日本の観衆に見てもらう。さらに、日本の選手が格上の世界王者とどの程度渡り合えるのか、実地に確かめてみたいということも目的の一つであったろう。さらには、この試合を足がかりにして世界に打って出たいとの思惑《おもわく》も満ち溢れていたに相違ない。

とはいえ相手は最強の世界王者だ。負けて当然、引き分けならでかしたもので、勝てたら殊勲もいいところ——そんな下馬評ではなかったか。

マリノ来日の舞台裏

ところで、世界王者マリノの来日はどのような経緯で実現したものだったのか。『カーン博士の肖像』にその顛末《てんまつ》が書いてある。該当する部分を要約すると……

一九五〇（昭和二五）年八月だった。ホノルルのサッド・サム・イチノセが日本からの一通の封書を受け取った。差出人は白井のマネジャー兼コーチであったカーン博士だったのであり、読むと、白井義男にダド・マリノと対戦するチャンスを与えてほしいといっている。

その後、カーン博士は米国に一時帰国した。そして、日本へ戻る途中であった。そのころの太平洋横断空路はハワイ経由が常だったから、ホノルルでいったん降りたのだろう。

空港からイチノセに電話をかけて、駆けつけてきたイチノセとしばし面談したのだそうだ。このときにイチノセがカーン博士に言ったのは、白井が世界王座に挑戦するにはまず世界ランカーに勝利して挑戦資格を得ることなどが必要であり、特に日本にはコミッションがまだなかったので、そこをなんとかしなければ覚束《おぼつか》ないということだった。

確かにそうだ。カーン博士は落胆したにちがいない。世界への道は遠かった……。

だが、イチノセが次に言った一言で喜色をあらわにしたのであった。いわく、

「しかしノンタイトル戦ならマリノを日本へ連れていってもいい」

『カーン博士の肖像』は、カーン博士と毎日新聞社との関係をほとんどなにも記していない。「彼（毎日新聞運動部記者伊集院浩：引用者注）はカーン博士の意思を真率に感応し」とあるだけである。そのため、両者の間にどのようなやりとりがあったのか、不明としかいいようがない。

それでもとにかく毎日新聞社が名乗りをあげてマリノ招聘《しょうへい》に向けて動き出し、立ち塞《ふさ》がる課題を乗り越えて、一九五一（昭和二六）年三月二八日に世界王者の来日を発表するに至るのである。

新聞社内での根回しや、資金調達、興行面など、解決すべき事柄は山積みだったようである。

しかも、このころはまだ連合国の占領下にあったので、リッジウェー連合国最高司令官率いるＧＨＱ（連合国総司令部）の顔色もうかがう必要があったろう（最高司令官マッカーサーがこの年の四月一一日に解任されて、その後任がリッジウェー）。ＧＨＱの機嫌を損《そこ》ね、だめだといわれればそれまでであり、想像するに、白井とマリノの一戦が朝鮮戦争「国連軍傷病兵慰問救恤義援金募集」を謳《うた》っているのは、ＧＨＱに対する配慮なのではなかったろうか。

このほか、ダド・マリノのマネジャー、イチノセとの交渉も心を砕く必要があり、伊集院記者がハワイに飛んだ。さらに、念には念を入れてだろうか、毎日新聞社の傘下にあったプロ野球「毎日オリオンズ」（現・千葉ロッテマリーンズ）の若林忠志監督に力添えを頼んだそうだ。

ただ、「若林」といわれても、ピンと来ない人がほとんどだろう。そこで、「ハワイ・スポーツの殿堂とサイバーミュージアム」（Hawaii Sports Hall of Fame and Cyber Museum）の〈HENRY TADASHI "BOZO" WAKABAYASHI〉の項を引用すると、次のように書いてある。

ヘンリー・タダシ〝ボゾ〟ワカバヤシ（一九〇八～六五）

ハワイの日系二世で初めて日本のプロ野球の選手になった。

ヘンリー・タダシ〝ボゾ〟ワカバヤシはオアフ島ワヒアワで生まれ、マッキンレー高校を一九二七年に卒業した。彼が日本で最初に名を挙げたのは、東京六大学野球一九三四年～三五年のシーズンで、法政大学の投手として二度の優勝に導いたこと。卒業後の三六年、阪神タイガースに入団。最優秀選手に二度輝いており、一度目は四四年でタイガースの投手として、二度目はタイガースがセリーグのペナントレースで優勝を果たした四七年、選手兼監督として受賞した。一六年間の選手生活の間に二四三勝一四一敗、防御率なんと一・九九！　ワカバヤシは四八人しかいない名球会の会員であり、この組織は打者二〇〇〇本安打以上、投手二〇〇勝以上の者で構成される。彼は六四年一二月二日に日本の野球殿堂入りを許された一七人目の選手であって、ハワイからは一人目である。

監督として最優秀選手に輝いたと記しているが、このとき彼は監督兼選手（投手）であった。また名球会の現在の会員数は五六人に増えており、データとしては少々古い。

それはともかく、若林に助っ人《すけと》を頼んだ理由《わけ》は、『カーン博士の肖像』によるなら、マッキンレー高校時代、若林とイチノセは同級生だったそうであり、その誼《よし》みでということらしい。

ただし、The Boxing Register: International Boxing Hall of Fame Official Record Book (By James B. Roberts and Alexander G. Skutt, McBooks Press, 5th edition) の記述を見ると、イチノセはラハイナルナ高校中退とあり、『カーン博士の肖像』と話が合わなくなっている。また、中退理由に関しても、「経済的事情もあって高校二年で中退」（カーン博士の肖像）と、貧しさを挙げることが多いものの、The Boxing Register には次のように書いている。

イチノセがラハイナルナ高校を中退したのは、昔からのライバルであるマウイ高校とのフットボールの試合で彼のファンブルが敵方のタッチダウンにつながって敗れてしまったあとだった。

こちらのほうがいかにもイチノセらしい逸話なものの、マッキンレー高校同級説も説得力がありそうである。なぜなら二人は学年が同じなのである。そのうえ、白井義男も自著『ザ・チャンピオン』（東京新聞出版局）のなかでイチノセから「『クラスメートにボゾー若林がいたよ』と聞いたことを記憶している」と記している。

二人は仲がよかったとスタンレー・イトウも話しているので、その点だけはまちがいないが、どこでどう知り合ったのか、なにぶん古い話なために、真相は闇に包まれ、わからない。

レイ・アーセルに導かれ

なお、このときがイトウにとっては初来日となるわけであり、日本の当時のボクシングというものは、彼の目にどのように映っていたのだろうか。「ボクシング・ビート」誌二〇一二年七月号にイトウへの特別インタビューが載っており（Interview : Stanley Ito, Hawaiian Legend）、次のように話している。これを読むだけで当時のレベルが嫌というほどはっきりわかる。

初めて日本に着いた時（51年）、すぐ後楽園に試合を見に行ってビックリしたの。中西清明の試合だった。ボクシングじゃない、レフェリーもストップしないし、喧嘩よ。でも今はすごいレベルが高い。トレーナーも勉強して、だから今８人も世界チャンピオンがいる。

技術より、「根性」とか「忍耐」「努力」といった精神論が幅を利《き》かせた時代であったろう（スポーツ界にはいまだもってその残滓《ざんし》があるようである）。

さて、そう語る伊藤であるが、トレーナーとしてのコーチング技術はだれから学んだものだったのか。

イトウがいうには、レイ・アーセル（Ray Arcel）だ。アーセルの勧めに従いトレーナーへの道を選んだうえに、コーチングの技術そのものもアーセルに師事したそうである。

レイ・アーセルは「ボクシングの歴史において最も尊敬される一人であって、彼が指導した世界王者は記録破りの二〇人にも及んでいる」（The Boxing Register）。

この不世出の名トレーナーの生年は一八九九（明治三二）年で、生まれ故郷はインディアナ州のテレ・ホート（Terre Haute）という名の町だった。The Boxing Register によるならば、彼が育てた一人目の世界王者はフランキー・ジェネロ（フライ級、一九二三年）だそうであり、一九二五年には、バンタム級のチャーリー・フィル・ローゼンバーグが三か月で三七ポンドもの減量に成功し、タイトルマッチで勝者となったが、これを手助けしたのもアーセルである。

また、無一文だったのに一夜にして富《とみ》を手に入れて、「シンデレラマン」のあだ名がついたヘビー級世界王者ジェームス・ブラドックもアーセルがトレーナーをつとめた一人であった。

ご存じの方も多いだろうが、ブラドックの半生を描いた米国映画が二〇〇五（平成一七）年に公開された。タイトルはずばり『シンデレラマン』（Cinderella Man）。一度は引退を余儀なくされて、「大恐慌」の嵐が吹き荒れるなか、肉体労働で細々と家族を養うブラドック。そんな彼が奇跡の復活をなし遂げて、一九三五（昭和一〇）年六月に、世界王者マックス・ベアとのタイトルマッチに勝利する。試合後、「ジャーナリスト、デイモン・ラニアンはこの番狂わせの勝者に対し、〈The Cinderella Man〉とあだ名をつけた」

（The Boxing Register）。「番狂わせ」とはベア優勢との予想を覆《くつがえ》し、勝者になったことを指す。

そして、二年後の一九三七（昭和一二）年、ブラドックはジョー・ルイスの挑戦を受け初防衛戦にのぞんだものの、ＫＯ負けを喫してしまう。この試合でアーセルは初めてヘビー級王者のセコンドを経験したという。

さらに、アーセルがトレーナーをつとめたボクサーで忘れてはならない人物は、四階級を制覇した、「石の拳《こぶし》」ロベルト・デュランにちがいない。

ただし、ウェルター級王者シュガー・レイ・レナードとのタイトルマッチでデュランが勝利したまではよかったものの、その五か月後、リターンマッチを挑んできたレナードに終始翻弄《ほんろう》されたうえ、「インターバルの間もレナードはデュランをあざけりつづけていた。第八ラウンド、デュランは突然レナードに背を向け、なんでもないとうわべだけ取り繕《つくろ》ってレフェリーに、〈No mas〉あるいは〈No more〉と言葉をかけたのである。そして彼は試合を放棄した。彼のトレーナー、レイ・アーセルとフレディ・ブラウンは憤慨《ふんがい》を禁じえなかった」（The Boxing Register）。

〈No mas〉あるいは〈No more〉は「もうたくさんだ」とか「もういい」という意味を

郵便はがき

料金受取人払郵便

新宿局承認

7882

差出有効期間
平成27年10月
31日まで

（切手不要）

160-8791

843

東京都新宿区新宿1－10－1

（株）文芸社

愛読者カード係 行

お名前《ふりがな》		明治 大正 昭和 平成 年生 歳
ご住所《ふりがな》	□□□-□□□□	性別 男・女
お電話番号	（書籍ご注文の際に必要です）	ご職業
E-mail		
ご購読雑誌（複数可）		ご購読新聞 新聞

最近読んでおもしろかった本や今後、とりあげてほしいテーマをお教えください。

ご自分の研究成果や経験、お考え等を出版してみたいというお気持ちはありますか。

ある　ない　内容・テーマ（　　　）

現在完成した作品をお持ちですか。

ある　ない　ジャンル・原稿量（　　　）

書　名			
お買上 書　店	都道 府県　　　　市区 郡	書店名	書店
		ご購入日	年　月　日

本書をどこでお知りになりましたか?

1.書店店頭　2.知人にすすめられて　3.インターネット(サイト名　　　　)

4.DMハガキ　5.広告、記事を見て(新聞、雑誌名　　　　)

上の質問に関連して、ご購入の決め手となったのは?

1.タイトル　2.著者　3.内容　4.カバーデザイン　5.帯

その他ご自由にお書きください。

(　　　　)

本書についてのご意見、ご感想をお聞かせください。

①内容について

②カバー、タイトル、帯について

弊社Webサイトからもご意見、ご感想をお寄せいただけます。

ご協力ありがとうございました。

※お寄せいただいたご意見、ご感想は新聞広告等で匿名にて使わせていただくことがあります。

※お客様の個人情報は、小社からの連絡のみに使用します。社外に提供することは一切ありません。

もつボクシング史に燦然《さんぜん》と輝く迷言であり、このあとアーセルはデュランとの関係を絶っている。

話を戻す。

スタンレー・イトウの話によると、レイ・アーセルが四五〜四六歳だったというから、終戦のすぐ前か、すぐ後である。ハワイに来たことがあるという。そしてジムで、体格のいい、当時二十歳《はたち》ぐらいの若者だったイトウに目をつけたのだ。

だが、アーセルの言葉はある意味意外なものだった。いわく、

「これから長い人生を送るには、君はボクサーではなくトレーナーになったほうがいい」

ボクサーとして大成するのはむずかしいと考えたのか、あるいはトレーナーに向くなにかの才をイトウに見出しての言葉だろうか。いずれにせよ、イトウはアーセルの勧めに従って、アーセルのコーチングを、メモを取りつつ一生懸命頭に入れて、長いトレーナー人生の第一歩を踏み出すわけである。

それにしても、ここで脳裏に浮かんでくるのは「邂逅《かいこう》」という例の一言である。スタンレー・イトウには大きな二つの出会いがあった。一つはサッド・サム・イチノセとめぐり会ったことであり、もう一つはいうまでもなくレイ・アーセルの知己《ちき》を得たことだった。

人生というのはおもしろい。伝説の名トレーナーとの邂逅が、ボクサーをめざしていた青年をトレーナーへの道へ歩ませたうえ戦後の日本ボクシング界の大恩人にしたのだから。

マリノの強烈な左フック

「毎日新聞」縮刷版をもう少しだけめくってみよう。

世界王者ダド・マリノ来日決定の記事掲載は四月一八日だった。「マリノ自信満々渡日を前に猛練習」との見出しを掲げ、現地発の記事が載ったのは、その八日後の二六日のことだった。

現役の世界フライ級選手権者ダド・マリノが日本ボクシング界の代表者白井義男と五月廿一日後楽園でノン・タイトル十回戦をやるとのニュースは各方面にセンセーションをまき起している。ダド・マリノは五月七日パン・アメリカン機でマネジャーのサム・市瀬氏、トレーナー伊藤一雄氏とともに日本へ向うが、本社阪口通信員は出発を前にしたダド・マリノの猛練習ぶりを次のように伝えてきた。

マリノがプロに転向してからの正確な試合数は百廿回、そのうちフライ級では七十五回中一回負けているだけだ。身長五フィートニインチ、普通体重は一二〇ポンドだが、試合には完全にフライ級に下げ得るという。勤先《つとめ》はホノルル市プリモ・ビール会社で、彼はここの販売員をしている。目下会社から特別に一ヵ月の休暇をとりトレーニングに入っている。マリノは一九四〇年アマチュア時代に来たときは堀口に負けているが、今度の白井との試合は相当自信をもっているらしく、〝白井君とベストをつくしてやってみたい〟と語り、市瀬マネジャーも〝勝敗は別問題で、レフェリーについても別に意見はない。今度は負けるようなことはあるまい〟と十分の自信を持っているらしい。

「あれ？」と不思議に思われた方もおられよう。まあ、声に出して読めばいっしょなものの、なぜかここでは「一ノ瀬」ではなく「市瀬」であり、スタンレー・イトウも「伊藤一雄」とまったくの日本名になっている。文字づかいにも怪しい部分があって、鷹揚《おうよう》な良き時代だったというべきなのか、いいかげんな時代というべきなのか。

それはともかく、イトウの名前が「毎日新聞」に初めて出たのはこのときらしい。

また、世界王者がビール会社の雇員であったとは驚きである（プリモ・ビールはその後製造中止に至ったが、復活したので今は飲めるそう)。イチノセの弟、レジナルド・イチノセの話によると、のちのことだが、マリノは白井義男とのリターンマッチに負けた後もビール会社に運転手として勤務したという(殴り殴られ)。ファイトマネーはいったいどこに消えたのか、摩訶《まか》不思議としかいいようがない。

マリノ来日は毎日新聞社の招きなので、力が入るのは当然で、この後も断続的に記事を載せている。盛り上げてやろうという魂胆《こんたん》が透けて見えるといってもいい。

たとえば、「対マリノ戦〝若さ〟が白井の強み世界に乗出す好機」は、「日本からは世界チャンピオンが生れないという理由がない」として、「白井の経歴はすばらしく、年齢もマリノの卅《三十》四歳に対して廿七歳、若さが彼の強み」と書いている(5・1)。

それから五日後、「迫るマリノ・白井戦全世界ファンの注視集めて」は、次のように伝えている(5・6)。見るからにだんだん大事《おおごと》になっている。


UPも星条旗紙もこの一戦はフライ級をねらっている英、濠《オーストラリア》、ベルギーのボクシング界でも深い関心を寄せており、白井の成績いかんでは世界の白井となり、将来世界選手権のちょう戦者としてリストされるだろう。

コミッションもない段階で「世界の白井」とは気が早い。

マリノら来日後の五月一一日の紙面には、「強烈な左フック　練習始めたマリノ選手」とあり、

入京二日目のフライ級の王者ダド・マリノ選手は旅の疲れもみせず……午後三時から一ノ瀬監督、伊藤トレーナーと神田の中大ボクシング道場で汗まみれになってシャドウ・ボクシングやサンドバックを相手にはげしい練習を続けた。左フックが強く、シャドウ・ボクシング実戦主義だった。


マリノの左フックを目の当たりにした人々は恐れ入ってしまったらしい。安部譲二も『殴り殴られ』のなかで「あのダド・マリノの左のフックは、逗子でトレーニングをつきあった時見たんだけど、流石《さすが》に凄《すご》かったなあ。今でもはっきり覚えている」と語っている。

同書にはサム・イチノセの弟、レジナルド・イチノセも登場していて、彼もやはり次のように話している。

「あの左フックは、フライなのにミドルのトップ・クラスの強さよ。ブンッ、一発当たると相手は誰でも、目がマーケットの魚と同じになった」

マリノのこの左フックがいやがうえにも脅威と見なされるようになったのだろう。五月一九日にも「防げるか、マリノの左フック白井のアウト・ボクシングに期待」との見出しを掲げ、「白井の練習からみてマリノの左フックに対するディフェンスに全力をあげているが、結局この成功、不成功がこの試合のヤマである」と結論づけている。

そしていよいよ五月二一日の夜だった。後楽園球場特設リングで、ダド・マリノと白井義男のノンタイトルマッチ一〇回戦の火蓋が切られ……結果は世界王者マリノの判定勝ちだったのである。

だが、この試合の模様を伝えている「毎日新聞」の書き方がなんともはやおもしろい。「してやったり感」がありありなのだ。見出しは「マリノ判定勝ち　国際試合に沸く夜の後楽園　白熱の攻防　白井よく反撃」であり、冒頭、次のように書いている。

リングサイドの指定席前列には朝鮮動乱で傷ついた国連軍傷病兵やGーがリングの死闘に米国流の声援を送り、マーカット少将はじめ保利労相、佐藤参院議長、松本滝蔵、小坂善太郎、川崎秀二、浅沼稲次郎、楢橋渡氏らの政界人や東郷青児、猪熊弦一郎、清水川、古橋、高峰秀子らもリングを見守っていた。スコアボードには日米両国旗がひるがえり、南側はワーナーブラザーズニュース、MGMが日本のニュースカメラ陣と並んでカメラを向けている。リング下の記者席にはUP、AP、INSなどの外国通信社が陣どり、APRSは進駐軍向けの実況放送マイクをすえ国際試合にふさわしい風景だった。……

「どうだ、大したもんだろう！　錚々《そうそう》たる顔ぶれだ」といわんばかり。米国の映画会社がニュース映画の取材に訪れ、通信社も各社が記者を送って寄こしたことが誇らしかったようである。無理もない。敗戦国日本では、これほどの規模の国際試合は稀有であったにちがいない。それを、毎日新聞社が旗をふり、見事成功させたのだから。

人名、社名に一部について補足をすると、浅沼稲次郎は日本社会党の書記長や委員長をつとめた政治家であり、六〇（昭和三五）年に、一七歳の少年による白色テロに斃《たお》れている。東郷青児、猪熊弦一郎はともに著名な洋画家である。清水川は相撲の元大関、清水川元吉のことだろう。古橋は「フジヤマノトビウオ」、競泳の古橋広之進であり、敗戦直後の一九四七（昭和二二）年以降、自由形で泳ぐたびに世界記録を書き換えて、打ちひしがれた敗戦国日本の国民的ヒーローとなった人物だ。また、UP、AP、INSは米国の当時の三大通信社。のちにUPとINSが合併し、UPIになっている。

敗戦国日本の姿

さて、今回この本を書くために当時の新聞を縮刷版で眺めたときに目を奪われた記事の内容は、敗戦後の混乱に満ちた世相であった。貧しさもあり、そのうえ世界情勢はきな臭さに満ちていた。昭和一一年生まれのわたしはそのころすでに一五、六歳だったので、遠い日の記憶をあらためて呼び覚まされる思いであった。

ボクシングから話がまた逸脱するが、これについてもぜひともここで記したい。時代背景がわかっていないと、なぜ古橋広之進や白井の活躍に日本人が熱狂したのかが、理解できないと思うから。

自信を失い、その日暮らしをしていた日本人は、胸を熱くさせてくれるヒーローに飢えていた。少し後にはプロレスの力道山が草創期のテレビ放送で人々の目を釘づけにする。

それもまた同じであったにちがいない。

さて、まず一九五一年一月六日付の「毎日新聞」一面の見出しをここに掲げてみよう。「国連軍　仁川《じんせん》も放棄」「カナダ増強部隊到着」「新西蘭《ニュージーランド》砲兵隊も」「中共は〝侵略者〟米二五ヵ国へ通告」「中共空爆考えず　ト大統領言明　外交的解決を希望」とあるのは朝鮮戦争がらみの記事である。「ト大統領」とは米国のトルーマン大統領を指している。

また、紙面には「東西冷戦」も色濃くあらわれており、「中共の触手・東南アへ　ソ連、西欧の弱化狙う」「再軍備・西独での動き　ソ連、巧妙な反対戦術」「日本再武装に同意か英連邦首相会議第二日」がまさにそうである。

このときはまだ三〇〇万人の死者を出し朝鮮半島全域が戦乱の巷《ちまた》と化した朝鮮戦争の真っ最中で、休戦が成立するのは二年後の五三（昭和二八）年である。

朝鮮動乱が始まったのは、この前年の五〇（昭和二五）年六月二五日であって、戦争の火蓋《ひぶた》を切ったのはご存じのように北朝鮮だ。戦局は北朝鮮軍が優勢なまま推移して、八月に入ると米韓両軍は朝鮮半島東南端の釜山橋頭堡《きょうとうほ》を維持するだけで精一杯になっていた。

しかし九月一五日、マッカーサー率いる米国軍は仁川《じんせん》上陸作戦を敢行し、またたく間に首都ソウルも奪還してみせたのである。そしてそのまま北進しつづけ、一一月、中国と北朝鮮の国境である鴨緑江《おうりょっこう》まで接近し、南北朝鮮統一が目と鼻の先と思われたその時だった。一八万人ともいわれる中国人民義勇軍が雪崩《なだれ》を打って参戦してきて、米国軍が主体の国連軍は三八度線まで敗走し、一二月末、中国はさらに推定五〇万人の大兵力を朝鮮半島に進軍させたのである。ここまでが朝鮮動乱勃発の年、一九五〇年の状況である。

そして、ソウルが再び中朝両軍の手に落ちたのが翌五一年一月である。だが、中朝両軍の反攻もそこまでであり、国連軍の猛爆にあい、戦局は二転、三転するようになる。

そして、既述のようにトルーマン大統領が戦線の拡大を訴えるマッカーサーを解任したのは四月一一日だったので、「毎日新聞」がダド・マリノ来日を伝えた一八日とは一週間しかちがっていない。

日本の場合は米軍の出撃基地にされたものの、戦場にはなっていなかったので、朝鮮半島の動乱は「対岸の火事」であったろう（ただし、日本の掃海艦艇が朝鮮半島の沖合で極秘裏に機雷除去作業を行っており、正確には「参戦」していたというべきである）。それどころか、国連軍（主として在日米軍）が日本で盛んに物資を調達するようになり、この「朝鮮特需」が不況に沈んでいた日本を潤《うるお》して、起死回生の「神風」や「天佑《てんゆう》」といわれたそうである。とはいうものの、「ソ連」や「中共」の脅威を間近に感じ、不穏な空気もあったのである。

いっぽう、国内の世相はどうだったのか。

日本はまだ敗戦の痛手を色濃く引きずり、貧しさや飢えというものに苛《さいな》まれていた時期である。私はこのころまだ少年だったが、今でも記憶に残っているのは、新橋にあった闇市と傷痍《しょうい》軍人の姿であった。

また、当時の新聞をめくってみると、世相を反映した結果だろうが、凶悪事件や自殺、一家心中を伝える暗い見出しがきわめて多い。たとえば、

「松林で父子三人心中借金を返せぬのを苦に」（毎日新聞5・6）。父親三六歳、息子五歳、娘三歳。青酸カリによる服毒自殺であったという。また、「子供の傍《かたわ》らにはキャラメルの空箱やたどたどしい汽車の絵が描かれているノートが落ちていた」とあり、哀れを誘う。

この記事の左のほうには「迫るマリノ・白井戦」の見出しが立っている。

また、「強烈な左フック　練習始めたマリノ選手」という前に紹介した記事の紙面の場合（同5・11）、少し下に目を転じると、「母子四人抱き合って　病と生活苦ゆえの心中」とある。「無職○○さん（三九）が生活苦から長女□□さん（一二）、長男△△君（九つ）、二男▽▽ちゃん（七つ）の三人と体をなわで縛り抱き合って部落はずれのため池に投身、心

中しているのを通行人が発見した」という。

このころは「安全」も二の次とされ、「人命」の軽視もひどかった。その一つの象徴が「国電、桜木町の惨事」(毎日新聞4・25)であったろう。

四月二四日午後一時四〇分ごろ、桜木町駅近くの高架の上で京浜東北線の下り五両編制の電車が炎に包まれ、死者一〇六人、重軽傷者九二人の惨事となった。これが世にいう「桜木町事件」だったのであり、切れて垂れ下がっていた架線にパンタグラフがからまって、発火したのが原因だった。当時の車両は鉄骨に木板をはっただけの構造で、火が回りやすかった。目撃者の話によると、たった二分で火だるまになっていたという。

また、脱出を妨《さまた》げた要因として、非常の際に手でドアを開けるコックがあったのに、いたずらされるのを嫌がって、そのありかも使い方も乗客には知らせていなかった。そのうえ、窓には桟《さん》が打ちつけてあり、出られないつくりになっていた。

そのため、乗客は車内に閉じこめられて、生きながらにして焼き殺された。「事故」ではなく「事件」と呼ぶのは、安全をないがしろにし、人命を軽視したため引き起こされた悲惨な出来事だったから。乗客は「人間」ではなく「荷物」扱いだったのだ。

鉄骨だけとなった車内には子供を抱きしめた若い母、窓わくにしがみついたまま死んでいるもの、ドアや窓から逃げ出そうともがきにもがいた姿そのままに数十本の手が外側にぶらさがっているなど、黒焦げの焼死体が累々と積み重《かさな》り眼をそむける凄惨な情景を現出した。（同前）

せっかくあの大戦争を生き延びたのに、こんなかたちで命を落とす人もいたとは痛ましい。

鉄道といえば、東京駅八重洲口も木の陸橋を渡って入るのではなかったか。調べてみたら、空襲で焼失した八重洲口は戦後再建されたものの、一九四九（昭和二四）年に失火によってまたも焼失したらしい。わたしが覚えている八重洲口はその後の仮復旧の姿であったのか。

世界王者への挑戦状

「桜木町事件」からほぼ二か月経った六月二六日付「毎日新聞」に、「桜木町事件の処分査問委員会の結論」と題した記事があり、直接の責任者はいうに及ばず、国鉄総裁の引責辞任も必至であると伝えている。

これと同じ紙面に、「マリノＴＫＯ勝ち雨の後楽園で熱闘」と題した記事がある。

マリノと白井のノンタイトルマッチから一か月ほど過ぎたころであり、マリノは来日後三戦目となる、元バンタム級日本王者堀口宏と「歓送試合」を闘ったのだ（二戦目は対後藤秀夫戦。また「歓送試合」とはいうものの、この後さらに二戦した）。

そして、興味深いのはその隣に並んだ記事で、「白井挑戦状送るマリノ対アレンの勝者に」とあり、次のように書いている。

廿五日のマリノ・堀口試合開始に先立ち本田日本ボクシング協会理事長はフライ級のチャンピオン白井義男選手は今秋行われるダド・マリノとテリー・アレン（英）の世界選手権試合の勝者にちょう戦、若《も》しマリノ・アレン戦が行われない場合はマリノと世界選手権を争覇《そうは》したいとちょう戦状を送ったと発表した。

カーン博士談『もしちょう戦状が受理されても日本では世界フライ級選手権へのギャランティー一千万円を入場料でまかなうことは不可能だから外の場所となろう』。

『客が多い試合なら』
一ノ瀬マネジャー談

白井が正式にちょう戦したと聞いたが、プロのけん闘だからお客のよく入る試合でなければ応じられない。アレンに勝った後にやるとすれば当然ホノルルでやることになる。世界を見回しても白井はアレンに次ぐ好選手だ。アレンとの世界選手権は九月末か十月初めに条件のよいホノルルかマニラで私がプロモートしてやる心算だ。

見出しでは「挑戦」なのに、本文で「ちょう戦」とはこれいかに？

それはともかく、マリノやイチノセ、スタンレー・イトウらの来日は五月九日のことだった。それからすでに一か月半以上が経っている。東京から甲子園、そしてまた東京に戻り、その次は名古屋などと各地を転戦するなかで、日本のボクシング関係者らとイチノセの間でタイトルマッチに関しての水面下の協議があったことは容易に想像できるだろう。その一つのあらわれがこのときの「挑戦状」だったのだ。

また、『カーン博士の肖像』によるならば、イチノセが名古屋滞在中、ＮＢＡ（全米ボクシング協会）に書簡を送り、世界ランク入りの実力ありと白井を推薦したという（ＮＢ

Aは WBA＝世界ボクシング協会の前身である）。さらに、コミッション設立に関しても話があったのはまちがいがない。イチノセは日本滞在中に、白井の世界王者挑戦のいわば「地ならし」をしたのであって、それをすませてハワイに帰ったということだろう。

もちろん、その前提となるマリノ・アレン戦もまだであり、貧乏国日本での開催に関しても、カーン博士もイチノセもこの段階では無理だと考えていた。

このころはまだ白井の世界王者挑戦構想は、輪郭のはっきりしない、漠然としたものであったのだ。だが、白井の世界王座獲得へのカウントダウンは、もう始まっていた。

日本ボクシング・コミッションの設立は、この翌年四月の出来事である。

人間スタンレー・イトウ

ダド・マリノに帯同して一九五一（昭和二六）年に来日したスタンレーは、その後頻繁に日本に来てボクサーを指導した。そして、一九五四（昭和二九）年十一月九日に水島道太郎（俳優、ボクシング愛好家）の媒酌により、東条会館で披露宴をおこなった。

それに先立ち、アメリカ大使館で神父立会いのもと挙式している。

スタンレーの生涯のベターハーフとなった幸子さんは、東京大田区出身、素封家の娘で、当時日比谷の三信ビルにつとめていた美貌の人であった。

スタンレーに、「プロポーズの言葉は」と聞くと、照れながら「結婚しようよ」と言ったという。

幸子さんは、ハワイに来た日本人ボクサーがスタンレー家にいるとき（多いときには二〇人）、食事の世話をしたりして、面倒をよくみたそうで、スタンレーが以降四〇年以上もボクシングにたずさわり、日本に一五〇回も来て留守をしたのを守った。収入も安定せず、何の保障もないトレーナーの仕事を支え、スタンレーを成功に導いた。

結婚式。美貌の幸子夫人と

二人の女の子にも恵まれ、幸せな家庭生活であったろう。

不幸にも、幸子さんは二〇一〇年、長い闘病の末亡くなった。

多くの日本人ボクサーがお世話になったスタンレー家（ボクシングマスター提供）

幸子夫人には、日本のボクサーも何人もお世話になったことだろう。

スタンレーは、現在ホノルルで悠々自適に暮らしている。

それでも、ボクシングに対する情熱は衰えるどころか益々さかんで、その記憶力は驚くほどで、昔の選手の特徴や最近の日本選手の試合ぶりもよく知っている。

以前、スタンレーに「昔の選手はすごかったね」と聞いたことがある。過密スケジュールで試合に臨み、それでも三五、六歳まで闘った白井やマリノの時代のボクサー達の精神力と肉体の強健さに言及してのことだが、スタンレーの答えは、「そうよ、昔の選手はガッツがあったの。日本もアメリカもね。でも無理すると駄目よ。ボクシングできるのは、若い時だけよ」だった。

現在のボクシング界では選手の健康面を重要視し、軽量も前日に行われるようになり、過度の減量による衰弱した身体で試合に臨むことを極力さけている。

また、試合中にも不測の事態を避けるためレフェリー権限により早期の試合のストップが行われていることはよいことである。

また、練習も基礎から徐々に高度な技術習得にとビデオなどを使って選手を納得させながら行われているのは大きな進歩だと思う。

スタンレー一家

スタンレーは、今でも週に二回はカカアコジムに出向き練習を見ているというから、頼もしい。

閑話休題～ファイティング原田

多言を要しない「日本の英雄」。

昭和37年10月10日蔵前国技館で行われたフライ級タイトルマッチで、「シャムの貴公子」といわれたポーン・キングピッチを11ラウンド2分59秒ＫＯで破り、世界チャンピオンになる。

翌日のニューヨークタイムズには大きくJAPANESE CAPTURES FLYWEIGHT CROWN と出ていてジャッジの一人に Nat Fleischer, American editor of Ring Magazine と出ている。

世界でもっとも権威のあるリング誌のナット・フラッシャーだ。

いかにこの試合が全世界の注目を浴びたかが判っていただけると思う。

そして日本国民は白井義男がタイトルを失って以来待ち望んでいた世界チャンピオンの座を再び日本に取り戻したこのボクサーの快挙に自分たちの夢と希望を重ね合わせ高度成長の原動力としたのだ。

ファイティング原田はその後「黄金のバンタム」といわれたブラジルのエデル・ジョフレを2回も破り、日本ボクシングの歴史上はじめての2階級制覇を成し遂げた。

日本人ボクサーとしてはただ一人アメリカ・ニューヨーク州カナストータの「International Boxing Hall of Fame」に入っている〔Hall of Fame Induction 1995〕。

ファイティング原田はハワイでは試合をしていないが外国遠征の帰路などたびたびハワイに寄りスタンレーの指導を受けている。

スタンレーは原田にディフェンスを教えたことを昨日のようだと回想している。

スタンレーはファイティング原田を世界に名をとどろかした日本人ボクサーとして、白井義男とともにその戦いぶりを絶賛している。

【ファイティング原田略歴】
本名：原田政彦
1943年4月5日生まれ、東京都世田谷区出身
元世界フライ級、バンタム級チャンピオン

International Boxing Hall of Fame (Induction 1995)
日本プロボクシング協会　終身名誉会長
プロボクシング世界チャンピオン会　最高顧問
ファイティング原田　ボクシングジム　会長

現役引退後の原田家

注：このジムは横浜市営地下鉄又は東急バスの中川駅下車1分のところにあり瀟洒な造りのビルの一階にありガラス張りの前面からも見学ができるようになっている。
チーフトレーナーとして、全日本バンタム級新人王　技能賞受賞、全日本スーパーバンタム級チャンピオン（4回防衛）のサルトビ小山氏が指導にあたっているが、ファイティング原田氏みずからも指導している。

第二部　スタンレー・イトウをめぐる人々

この本を書くにあたり、私はスタンレー・イトウ本人に何回もインタビューし、または電話で話をした。その中で、彼のボクシング、ボクサーに対する愛情を強く感じてきた。

そのインタビューの中で、昔のボクサーのお名前も沢山でてきたが、時間の都合でその方全てにインタビューすることは不可能であった。

そんな中で、ある方は寄稿してくださり、またある方はインタビューをうけてくださった。第二部では、スタンレー・イトウをめぐる方々の、スタンレーに対する思いをまとめる。

(※なお、掲載順は寄稿文、インタビューなどの形態ごと、順不同とさせていただいた)

心、技、体、全てを教えてくれたスタンレーさん

荒木 健

１９７０年3月立教大学を卒業して就職しましたが、ボクシングをどうしても続けたいため周りの大反対を押し切りプロボクサーになる決心をしました。母はびっくりして入院してしまうほどでした。

7月31日に退職しました。

プロ入りに関し、アメリカに対するあこがれもあり、大学の先輩がスタンレーさんの友人だったため事がスムースに進み、私の戦績や新聞の切り抜きをハワイに送ってビザが下り、8月29日羽田空港を飛び立ちあこがれのハワイに到着しました。

当時、スタンレーさんの家には日本人ボクサーが10人位いて1階がボクサー、2階がスタンレーさん一家となっていました。

日本人ボクサーの中には日本ランカーもいれば6回戦の人もいて、メインエベンターを目指していました。

10月29日、デビュー戦6回戦を行いました。相手は韓国バンタム級2位の朴永変でした。殆ど打たれずワンサイドで6回を無事に終えました。頭を打ちすぎて拳を傷めてしまいました。

2戦目も相手がいなくて1戦目と同じ相手になり、翌年1月26日に試合でした。ボクシングのスタイルに悩みが出たり、ホームシックにもかかり精神的に安定せず調整も上手くいきませんでした。1R、いきなりダウンをとられ、どうにかポイントを取り返し辛勝でした。

3戦目は6回戦でプロモーターのサム一ノ瀬さん（以下、サムさんと呼びます）がわざわざメキシコから相手を呼んでくださり、プレッシャーもありましたがワンサイドで勝つことができ、観客も大喜びで面白い試合だったようです。サムさんがご褒美にファイトマネーの他に50ドル下さいました（1ドル360円の時で価値がありました）。

サムさんからも、頑張れば日本で試合を組んでやると言われ最高の気分でした。

4戦目4月26日、フィリピンバンタム級6位のフランキィー・アマノ戦。パンチはなく手数も少ない選手で負ける相手ではないと思い、気が緩んでいたのだと思います。打つよりも逃げ足が速く、逃げるために打つというような選手で私のパンチは当たらずラウンドは進み気ばかり焦って、全く自分のボクシングが出来ず完敗でした。ハワイで数戦して、ロスアンゼルスに行きました。

ロスへ着いたらノリ隆谷さんと（以下、ノリさんと呼びます）なんと高校の先輩であり協栄ジムのトレーナーである福田さんが迎えに来られてビックリしました。

翌日からはメインストリートジムで練習を始め福田さんに指導してもらうことになり、日本でやっているのと同じになりました。精神的にはすごく安定しました。

又、私の大学（立教）の先輩米倉宝二さん（東京オリンピックライト級代表）が、アメリカ人と結婚しロスに住んでいらしたので時々食事したりして、天国のような日々でした。

6月10日、オリンピックオーデトリアムで初の10回戦。相手はベニー・ロドリゲス（わたしとの試合のあとで世界にランクイン、順位不明）で全勝の相手でした。

初の10回戦でしたがスタミナは心配していませんでした。スタミナを心配する余裕もなかったというのが正解だと思います。

上手いボクサーで私のパンチはなかなか当たらず、リードパンチを打っては足を使うあまりお客さん受けしないボクサーで、私が足を使いカウンターを狙ったりすると面白くない試合になる為ファイターになり打ち続けました。10ラウンドが終わり、負けを覚悟しましたが恥ずかしい試合とは思いませんでした。

コーナーに帰ったらトレーナーからバスタオルを被せられたので「止めてください。私は恥ずかしい試合はしていません」と言ったら「危ないんだよ」と言われ、なんだと思っていたらコインがリングに投げ入れられているのでした。

観客がワーワー言いながらコインをリングに投げ入れているのです。

お金がリングをころころ転がっていました。もちろん紙幣もありました。中にはメキシコ五輪の記念コインもありました。

面白い試合に対してのお客様の選手に対するご褒美だったのです。おたがいのトレーナーがバケツにコインを集め後で合計して2人で分けました。一人60ドルくらいありました。

この試合は1週間後に放映されたそうです。後で友人に聞きわかりました。

その後メキシコに渡り数試合して、ハワイ経由で帰国しました。

帰国後は母校立教大学のコーチから、監督になり現在は日本連盟理事として働いております。

偉そうな事を言いますが「よき指導者とはなんぞや」。

技術的なこと、試合の作戦、練習のメニュー、精神的なケア等々数をあげたらきりがありません。でも、簡単に言うなら、

「選手を愛する事です。好きになることです」そして、

「自分が常に一生懸命である姿を選手に見てもらうことです」

そうすると選手はついてきてくれます。頑張ってくれます。

とても長い間の指導者としての結論は上記2行です。

最近、指導者の暴力に対して様々な意見が出ていますが、殴られて、蹴られて罵倒されたら恨みが残るだけです。

愛情が足りないのだと思います。

16歳からボクシングを始めて66歳の現在もボクシングに関わっていられる幸せを、日々ひしひしと感じています。

スタンレーさんには心、技、体、全てを教わり、それは私の指導方針となっています。

心より感謝しています。

【荒木健略歴】

1947年、熊本県芦北郡生まれ。

1965年、全国高校モスキート級チャンピオン。

1968年メキシコオリンピックの強化選手になり、立教大学を卒業して同年ハワイに行きデビュー。後、メキシコでプロに。

スタンレー伊藤と、プロボクサー達

門田《かどた》新一《しんいち》

男と男が戦っている、誰も助けてくれない、逃げ出す事も出来ない。

1972年12月27日、アメリカ・ロサンゼルスからホノルル空港に着くと、源ちゃん（大源鉄夫）が迎えに来てくれていた。その足で、門田はカラカワジムへ。サム一ノ瀬さんに挨拶したら「カドタ、あの試合見たよ」ハワイでもロサンゼルスのテレビ放映が有ったのだ。「アヤラには勝っていたよ」と言ってくれ、オセジでも嬉しかった。そして、試合は2月13日に決めているから「相手はレイ・バチスタ（比）１３５ポンド、ライト級リミットだ、ＯＫ！　カドタ」と、門田は有難うございますと言い、スタンレー伊藤さんにも挨拶をしにいった。ロサンゼルスの林さんが、宜しく伝えて下さいとの事です、と言うと、オオ～ハヤシ元気！　と、とても良い笑顔でスタンレーは、門田と握手を交わした。サム一ノ瀬からは「今日からスタンレーの所に泊まりなさい、食事もあるよ」と、言われ一安心。

実は、門田は9月のアヤラ戦から試合をしていなかったので、ファイトマネーを使ってしまい、後、１００ドル程しか、お金が無かった。だから、本当に助かったと思った。１月25日朝早く、ヨネクラジムの斉藤七郎が、お～い、皆、大変だ、大変だ。大場政夫が死んだ。世界フライ級チャンピオン大場が自動車事故で亡くなった、と叫んだ。皆、眠い目を擦りながら、ええ～本当か？　大場が死んだ、先日のタイトルマッチで、まだダメージが有ったのに車を飛ばしすぎたのか？　皆、いろいろな事を言い、最高の仲間を失ったように嘆いていた。

2月12日三迫会長がハワイに来たが、試合も見ないで又、サム一ノ瀬にも会わないで直ぐ日本に帰った。何か大変な事が日本であったのか？　まさかマネージャーの延東さんが亡くなったなんて、夢にも思わなかった。だけど何故、三迫会長は、サム一ノ瀬と会わなかったのだろう？　そのくらいの時間は、有ったはずだ（もし、会っていたら門田の世界タイトルは、良い方向に進んでいたかも知れない）。２月13日バチスタ戦、スタンレーからは、あわてなくて良いから、フェイントを沢山使って相手の動きを確かめてからパンチを出しなさいとの、アドバイス。３ラウンド、バチスタの右ストレートに合わせた門田のサウスポーからの、ショート右フック、腰からストンと落ちるバチスタ。そんな名シーンを３度も見せてのＫＯ勝ちだった。試合が終わると控室に早々とサムがやって来て、カドタ、イイよ！　イイよ！　カドタ、ここで世界やるから、カドタ、チャンピオンヨ！　ガンバルノヨ！　ＯＫ！　と言って、門田の身体を強く抱きしめた。

スタンレーも、カドタ、ＯＫ！　ＯＫ！　と、何度も言っていた。

スタンレーのトレーニングの指導方法は、自分の子供に厳しく、強制的に教えるのではなく、孫と優しく接触するように、優しく分かりやすく教えていた。

そして、そのボクサーに考える時間を与えながら、良い所を伸ばす事を心がけ指導していた。だから、決して怒ったりはしなかった。

１・ハワイは暖かいからロードワークの時は、薄着で短パン、半袖のＴシャツ（雨ガッパ等、ナイロン製の物は着ないで）。

2・ジムワークでオーバーワークの練習をしない。

3・サンドバックは、もっと軽く打つ。

4・世界チャンピオンの身体を作る、良い食べ物を体内に入れる、自分の体に貯金をするつもりでと。

6月12日マグノとの再戦。コンディションを作った門田の、ワンサイドゲームだった。9ラウンドが終わり、マグノはダメージが大きすぎ、もう戦えなかった。門田の9ラウンド、TKO勝ち。

これでサム一ノ瀬との信頼を取り戻す事が出来たと、門田は満足だった。

暫く休み、6月25日練習に行くと、門田はサムに呼ばれ、ノンタイトルでWBA世界ライト級チャンピオン、ロベルト・デュラン（パナマ）とやらないかと言われた。おお〜とうとう来たかと、門田。場所は何処ですかと聞いたら、ここハワイだと言われたので即、OKした。デュランの強さを知っていたので不安も有ったが、ヤル気の方が勝利した。早速、早朝のロードワークが始まった。Tシャツと短パンで走った。手足が風に触れ、とても良い感じ。疲れないしスピードも出る。やはりスタンレーさんの言っていたとおり、沢山着こまないで走ると清々しい気持ちに成る、いいぞ！

ジムに行くと又、サム一ノ瀬に呼ばれた。門田、デュランとは、やらない。前・WBC世界ライト級チャンピオンのチャンゴ・カルモナ（メキシコ）と7月31日、ここホノルルでやる。

デュランは鈴木石松と9月8日パナマで世界タイトルマッチをする事にした。だから門田は、カルモナに勝ち、世界ランキングを手に入れるのだ、分かった？　カルモナ戦は、最高のコンディションで臨め、7ラウンドKO勝ち！

そんな時、急に三迫会長からスタンレーの家に電話が入った。「門田、直ぐに日本に帰れ」と。門田は、僕は帰りたくないです。ここで世界をやりたいですと言ったが「いや、門田、日本で世界タイトルやれるから直ぐに帰れ！」それをスタンレーは聞いていたので、次の日、サムに報告した。門田がジムに行くと、サムは「カドタ日本に帰ったら、あなた世界出来ないよ」と、言われたので、門田は小さくうなずいた。門田は知っていた、サム一ノ瀬の世界におけるボクシング界での力を。門田は悩み苦しんでいた、ここで世界をやりたいと。だが、門田は、仕方なく日本に帰る事に成ってしまった。

やはり日本に帰った門田には世界ライト級のタイトルのチャンスは無く、石松が挑戦する事に成った。

１９７４年４月11日鈴木石松はガッツ石松とリングネームを変え、ＷＢＣ世界ライト級チャンピオン、ロドルフォ・ゴンザレスに挑戦。

見事な良い試合で、８ラウンドＫＯ勝ち、世界チャンピオンに輝く。

門田は体重を、１階級上げ、１９７４年10月26日世界ジュニアー・ウェルター級チャンピオン、アントニオ・セルバンテスに挑戦する事に成ってしまった。

試合は、やはり身体が違いすぎ、問題に成らない程、打たれた。８度もダウンをして、８ラウンドでノックアウトされた。

門田の親戚も友達も、沢山の人が見ている前で、叩きのめされた。

門田は悔しかった、だって門田って、あんなに弱いのかと思われる事が。

それからの門田のボクシングは、一気に下降線を……。

そんな事も有り、最後の試合は思い出ぶかい、アメリカでやりたいと一人、自費でアメリカへ旅立った。１９７６年５月ハワイに行くが、ビザの事で、ホノルル空港で強制送還されそうになったので、門田はスタンレーの家に電話をした。スタンレーは、直ぐにホノルル空港に来てくれ、優しく、門田大丈夫よと言い、手続きをしてくれた。

そして無事アメリカに入国する事が出来たが、試合をするロサンゼルスに行って、ボクシングの出来るビザに書き換える事を義務付けられた。

本当は、このハワイで右肩を治したかった。ワイキキの浜辺で太陽を一杯浴びれば右肩は治る。そう信じてハワイに来たのだったが、ここでも門田の行く手を阻んだ。やはり、もうやめろと言う事か？　それにしても良かった、日本に返されなくて。スタンレーさん、忙しいのに直ぐに来て頂き、ありがとうございましたとお礼を言い、ロサンゼルスへ。

1976年11月19日ロサンゼルスで、世界ランカーのシグフリド・ロドリゲス（メキシコ）戦を最後に引退。やはり、得意の右フックも使えず、もう戦える身体ではなかった。1979年9月新婚旅行でロサンゼルスとハワイに、スタンレーさんの奥様、幸子さんや、キャロル、スゥージィーのスタンレー一家と、楽しい食事会をした。その時、スタンレーは、門田の妻に「門田は、本当は世界チャンピオンよ！」と言った。門田は、何だかとても嬉しい、楽しい気持ちに成れた。スタンレーさん、お心遣いをありがとうございました。

ああ～世界チャンピオンか？　やりたかったな、1973年11月ハワイでの、幻に終わったWBC世界ライト級チャンピオン、ロドルフォ・ゴンザレスとの世界戦。あのホノルルから40年、久しぶりに40年前の日記を読んで、当時を思い出し、世界は取れなかったが門田新一、中々、良い青春していたじゃないか……。
２０１３年４月
満開の桜を眺めつつ、スタンレーさんの事を思い浮かべながら……。

【門田新一略歴】

１９４９年、愛媛県伊予郡生まれ。

新田高校ボクシング部在籍中、同郷である三迫仁志のスカウトを受け上京。

１９６７年４月30日、プロデビュー（１ＲＫＯ）。

１９７０年10月17日、ＯＢＦ東洋ライト級チャンピオン。

１９７１年８月13日、ノンタイトルで鈴木石松８ＲＫＯ勝。

１９７２年１月16日、ＯＢＦタイトルマッチで判定負け王座陥落。

１９７３年７月31日、元ＷＢＣ世界ライト級王者のチャンゴ・カルモナをＫＯで退ける。

スタンレー伊藤さんと私

山口弘典

スタンレーさんと私とは本当に長く親しいお付き合いが続いております。

1952年早稲田大学ボクシング部にはハワイ日系2世のサム一ノ瀬さん率いる世界フライ級チャンピオン　ダド・マリノ、日系のロイ比嘉、このチームを支えるトレーナーのスタンレー伊藤さん達が世界タイトルマッチを控え練習に来ていました。

当時大学一年生の私はダド・マリノの放つ左フックの強烈さにただただ目を見張るだけでした。卒業後一年先輩というより親友として付き合っていた鈴木洋一さんが渡米しており、スタンレーさんの選手としてハワイでプロ転向しレフトジャブアーティストの異名がつけられる早い左ジャブ、左ストレートで連戦連勝し、好成績を残しましたが、腰痛等で引退し帰国しました。帰国後学校経営の実家を継ぐべくボクシングを断念した筈であった鈴木は又友人の要請もあり本人もリングの魅力に抗し難く遂に勝っても負けてもただ一戦のみとの約束でリングに登場する事になり当時日本ライト級2位の伊藤八郎選手と10回戦を戦い僅差の判定負けに終わりました。試合前鈴木は右拳の痛みと持病の腰痛の再発の為、コンディションは最悪で私は延期を希望しましたが、プロモーターに迷惑をかけぬ為と強行しました。

鈴木選手のマネージャーはスタンレーさんで私はビジネスマネージャーとして日本プロボクシングコミッションのライセンスを取得しました。スタンレーさんとはこの頃から本格的な交際が始まりました。１９６０年3月私の結婚式参加の為にハワイから来日したスタンレーさんは挙式前の一週間ほど新居に滞在してくれました。当時としてはちょっと洒落たアパートで階下にはテレビタレントや芸能人が住んでいました。

ボクシング関係では中西清明氏（故人、当時すでに引退後でＡＯジムから左右の強打をふるい金子繁治氏と死闘を展開した）等も泊まったりしておりました。

当時はスタンレーさんのお仲人を務めた俳優の水島道太郎さんとの交流もありとても楽しい思い出が多かったです。その中でも多分最初に紹介され、その後長い交際が続いたのが鎌倉ハトサブレーの久保田さんでした。当時ご兄弟で経営をなさって、弟隆治さんは副社長でした。隆治さんは大変なボクシング通でハワイのボクシング界の事をスタンレーさんから勉強され精通されていました。スタンレーさん曰く「隆治はボクシングクレージーよ」なんてジョークを飛ばしながら私と3人でボクシング談義に花を咲かせたものでした。隆治さんは残念ながら5年前に物故されました。

私事になりますが新婚の私達夫婦に素晴らしいプレゼントが届いたのは結婚後しばらく経ってからでした。

初めてのハワイ旅行を計画していたらスタンレーさんから是非おいでとなりホノルル滞在中のワイキキのホテルと自分たちも当時行っていなかった「シダの洞窟」で有名なカウアイ島の2泊3日の小旅行をプレゼントしてくださいました。ツアーはアメリカ本土からの老人グループの中に若い日本人二人だけでそれだけに当時としては夢のハワイ旅行で全く予想外の経験でした。

現在はハワイでのプロボクシング興行は殆ど挙行されませんが1970年代以降サム一ノ瀬さんが健在であった頃は多くの日本人ボクサーがハワイでの試合の時や米本土の往復の途中等でハワイに滞在時にスタンレーさんのお世話になっております。

私の選手川崎明洋君〔当時日本ライト級1位までランクされた〕が世界チャンピオン・ベンベラフォリアとホノルルで10回戦を戦い完敗しました。

その当時スタンレーご夫妻は自宅敷地内に別棟を建て常に日本人ボクサーが滞在してお

りました。

又、ハワイを訪れる米本土からのビジネスマン等を対象としたかなり大規模な簡易宿泊施設（アケポ）の運営をまかされており、ご夫妻でマネージメントをしていた時期がありました。可愛かった娘のキャロル、スーザンさんは結婚し孫も出来たしスーザンは日本の大学に留学しましたが、突然あの美人で聡明ないつも明るく元気だった幸子夫人が倒れました。

お見舞いに訪れた際スタンレーさんは「もう日本へは行けないね、幸子の介護は僕がしなければならないから」と本当に淋しげに語っておりました。

事実夫人没後も本人の体調が悪かったりで２０１２年5月に来日するまでは10年間も日本の土を踏んでいませんでした。

私は２０１０年まで財団法人日本プロスポーツ協会専務理事から副会長として40年以上にわたり日本プロスポーツ界の健全なる発展に寄与して参りました。

多くの政治家、スポーツに理解のある実業界の人々、プロスポーツ界のあらゆるジャンルのトップアスリートと役員先輩等の出会いを経験させて戴きました。

そのキャリアの出発点はスタンレーチームの一員として日本プロボクシング・コミッ

ション・ビジネスマネージャーのライセンス取得が原点となっております。

人生に於けるかずかずの出会いの中スタンレーさんとのそれが如何に大きなものであったかを感じます。

今更云うまでもない事ですがスタンレーさんの人柄は素晴らしいものです。

会う人誰もが魅了されてしまうユーモアあふれるセンスと寡黙でちょっとシャイな笑顔は抜群のものです。スタンレー伊藤さんの日本ボクシング界に於ける業績ははかり知れない程大きなものだと思います。私にとっても実の兄以上の存在で永年交際できた兄貴スタンレーがいつまでも元気でいられる事を心から祈念して筆を置きます。


【山口弘典略歴】

昭和8年生まれ、茨城県出身、早稲田大学政治経済学部卒業。

財団法人日本プロスポーツ協会前副会長。

土浦ボクシングジム　最高顧問。

ヤマニエンタープライズ　社長。

スタンレー氏は私にとって人生の師

木村　公《いさお》

当時、ダウンタウンにあった宿舎、アケポ・アームス・アパートメントに、バンタム級日本チャンピオンの内山真太郎氏（船橋ジム）始め、桜井氏（協栄ジム）、金子ジムからの3名の計6名で寝食を共にした。

近くのレストランで朝食を摂り、午前中ワイキキビーチで肌を焼き、午後はスタンレー氏の車でジムまで送迎して頂きトレーニングに励んでいた。スタンレー氏が忙しいときには、奥さまの幸子さんに送迎して頂いたり、二人のお嬢さん（キャロル、スーザン・当時小学校低学年）達ともトレーニングの合間楽しく過ごしたり、家族の皆様にお世話になりました。

特に当時、東北の片田舎で育った人間には、今でこそ珍しくないが、パパイヤ、グレープフルーツ、パイナップルなど、南国の果物が自分の身長をはるかに超える大きな冷蔵庫にギッシリ入っている様子は驚きでした。その後、スタンレー氏の自宅を拠点としトレー

左から木村公、ジョー・メデル、岡田晃一（東洋バンタムチャンピオン）

ニングしていた頃、ロスで世界チャンピオンになった西城氏や、後に東洋チャンピオンとなったアポロ嘉男氏も同宿してトレーニングに励んでいた事を懐かしく思い出す。

引退後40年近い歳月が経ちますが、現在に至る迄電話や手紙などで交流をもち、スタンレー氏がわざわざ青森まで来て下さったり、私や二人の子ども達もハワイに行った折には、スタンレー氏の家族と食事をするなど家族ぐるみのおつきあいをさせて頂いている。

コンビネーションとスナップがいかに大切かを教えられ、リングでは常にリラックスした気持ちで戦えというのが信念のようだった。指導者として生徒と接してみて理にかなった指導法で参考にさせてもらった。

私にとって人生の師として仰いでいます。

【木村　公略歴】

1946年、青森県生まれ。

1964年、高校3年生時、東北大会成年の部で優勝し、東京オリンピック最終予選に出場。準々決勝で日本代表になった日大の吉野洲太氏に敗れる。

●早稲田大学入学

•入学して、初めてのスパーリング相手が柄沢正夫氏で自分のパンチがことごとく、空を切った。防御の完璧な選手と驚いた体験をする。

柄沢正夫氏は、当時東京オリンピック年頭に発表されたアマ世界ランキング3強の1人に挙げられていた天才ボクサーと後で知り納得する。

●外国遠征及び国内親善試合の成績

メクシコプレオリンピック　2回出場
アメリカ・メキシコ遠征（シアトル・ハイポイント・サンホセの各会場）3戦3勝
ヨーロッパ遠征　ドイツとの親善大会　1戦1分け
日ソ対抗戦　1戦1勝
日韓親善大会　1戦

1969年5月、ハワイに渡り、プロデビュー。その後一時帰国。協栄ジム所属として数試合消化し、再度ハワイに行きトレーニングを続け、最後の試合となった元フライ級世界チャンピオンのアラクラン・トーレス選手とメキシコで対戦し破れ引退する。

ハワイでのスタンレーさんとの再会

矢尾板貞雄

旧知のスタンレーさんとの再会はハワイでした。

1961年7月、ブラジルで時のバンタム級チャンピオン「黄金のバンタム」ことエデル・ジョフレとノンタイトルで戦ったあと、ハワイで少し休養しようとホテルに泊まっていましたら、スタンレーさんに家にいらっしゃいと誘っていただき10日ほどお邪魔しました。

その当時小さかったキャロルさんやスーザンさんと仲良くなって、楽しい日々を過したのも良い思い出です。

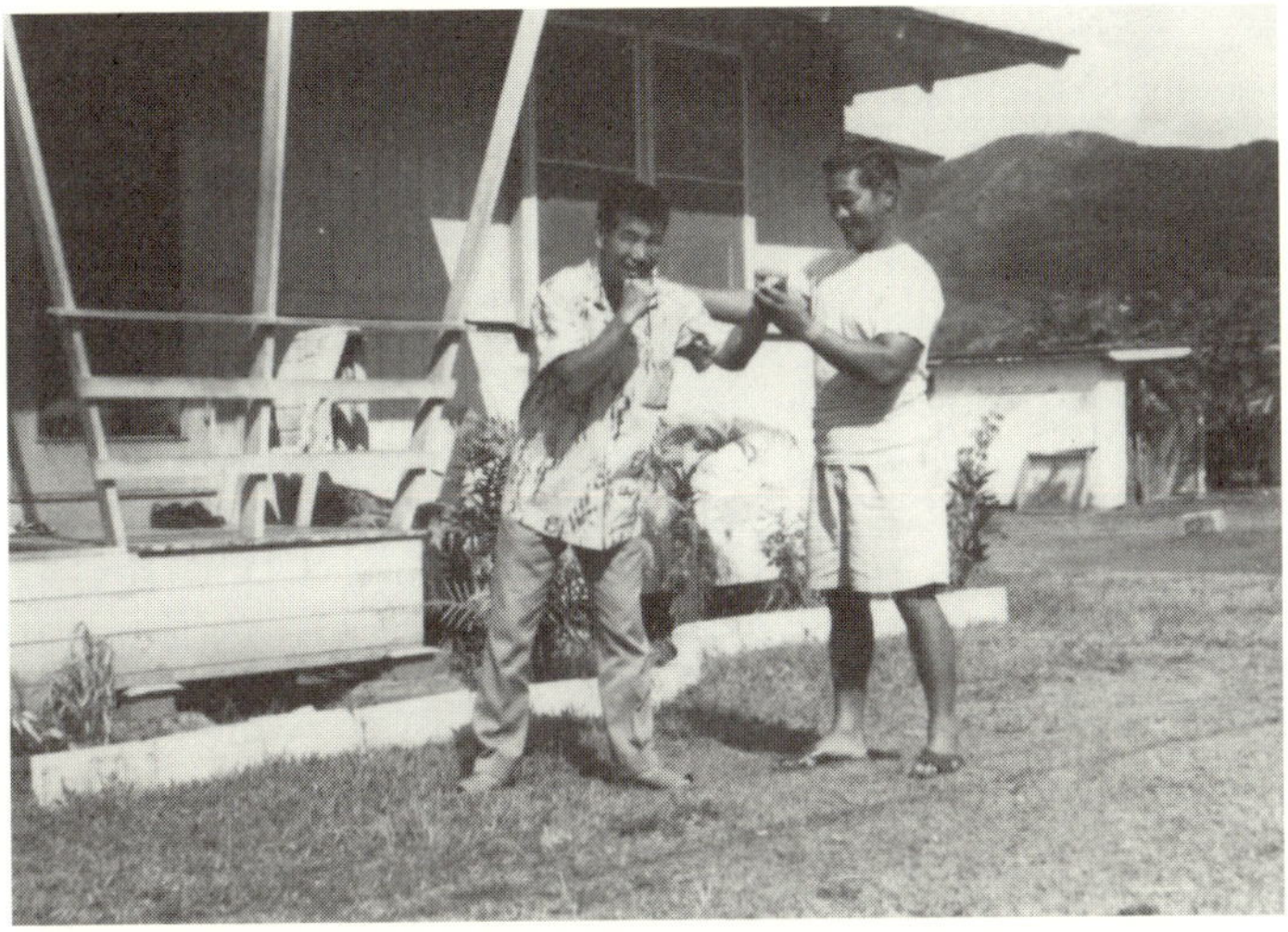

左が矢尾板、右はマリノ

当時メキシコに行く新婚の米倉さんも、ハワイに滞在していました。

日本に帰ってからは、スタンレーさんが来日するたびに奥様のご実家まで一緒に行ったり家族ぐるみのお付き合いをしていました。

スタンレーさんは日本ボクシング界の大恩人とも言える人で、数多くのボクサーの指導をしたりセコンドについてくださったりしていただきました。

昨年5月19日の「ボクシングの日」は久しぶりの来日で昔の友人、弟子たちにお会いになり大変うれしかったとおっしゃっていました。

そのときは怪我のため車椅子でしたが、

現在は車椅子も必要なくなりお元気なご様子です。いつまでもお元気で日本のボクシングにエールを送ってください。


【矢尾板貞雄略歴】

1935年11月28日、東京都渋谷区出身。

説明するまでもない稀代の名選手。1959年1月時の世界フライ級王者パスカル・ペレスにノンタイトル戦で10R判定勝ちしたが同年11月に行われたタイトル戦では13回KO負け。以後1961年7月には一階級上のバンタム級のエデル・ジョフレにノンタイトルで敵地で挑戦したが敗れる。9回までこの王者をポイントでリードしていたが10回にKO負けしたのはおおいに惜しまれる。この試合はベネズエラで2戦した後急遽決まった試合であった。引退後は名解説者としてリングサイドで活躍、その歯に衣を着せないコメントはボクシング界のご意見番として益々健在。昭和を熱くしたヒーロー。

スタンレーさんに教えてもらったバンテージの巻き方

高橋《たかはし》勝郎《かつろう》

スタンレーさんとのお付き合いは１９６８年2月、西城正三君と宮下攻君がロスアンゼルスに滞在していたときに、私はフィリピン遠征から一時帰国し彼らにロスで合流したときからです。

ロスアンゼルスではあのメインストリートジムで練習し3人でアパートに住んでいました。そこへ西城君の試合（１９６８年9月、彼が世界チャンピオンになった）のために、スタンレーさんがハワイからいらしたときに初めてお会いしました。

その後スタンレーさんが協栄ジムとの契約でボクサーのトレーナーとして来日していたときはいつも一緒に行動していました。

スタンレーさんからはトレーナーとしての在りかたやバンテージの巻き方「拳を怪我したとき」など細かいことや止血のやり方も教わりました。後に具志堅君が高橋さんにバンテージを巻いてもらわないと駄目だといってくれました。

スタンレーさんのお子様のキャロルちゃんやスーザンちゃんがまだ小さいころ後楽園の遊技場につれていってあげてジェットコースターに乗せてあげたらもっと、もっといわれ困ったことも今はよい思い出です。

スタンレーさんは現在キャロルさんスーザンさんと一緒に住んでおられるそうで、いつか又皆様にお会いできるのを楽しみにしております。

【高橋勝郎略歴】

1944年、青島〔チンタオ島〕生まれ。

第2次世界大戦後帰国し石巻市で少年期を過ごす。

高校生のときTBSのボクシング教室で金平正紀会長に見出され金平ジム〔草加市〕に入門。プロで当時フライ級の強豪スピーディ早瀬と一勝一負したほか好成績を残す。

フィリピンで戦ったときは観衆が賭けをして暴動が起こるようなところで試合をした。

選手引退後、協栄ジムのマネージャーとして活躍、金平正紀会長引退を継いで会長に就任。

一流選手を育てるとともに協栄ジムの経営を引き継ぎ、数多くのチャンピオンを育成した。

その努力と実績は万人の認めるところである。

協栄ジムのマネージャー時代は上原選手兄弟、具志堅選手を育成。渡嘉敷選手のときは会長として世界チャンピオン獲得への苦難の道を歩み成功させた功績はすばらしい。

協栄ジム会長引退後は古口ジムのマネージャーとしてボクシングに対する情熱は益々さかん。業界の重鎮として活躍中である。

戦績：47戦29勝、15負、3引き分け

ぜひ、日本に〝スタンレー・イトウ賞〟を

山村若夫

スタンレーさんに初めてお会いしたのは私が立教大学2年生の時でした。

そのときスタンレーさんは未だ40代でとても恰好よかったのを覚えています。

協栄ジムでプロになった後もボクシングに対する考え方や指導の仕方等，色々教えていただきました。

先輩の海老原さんや後輩の西城君、上原君、具志堅君、渡嘉敷君、坂田君など随分お世話になったことと思います。

また、スタンレーさんのお祖父様は私と同じ広島県の出身でしたので、スタンレーさんも広島に来られていました。

多くのボクサー達がハワイに行ったときには必ずといっていい程スタンレーさんにお世話になったと思います。

今日、日本のボクサー達が数多くチャンピオンになっておりますが、いつもスタンレー

山村とシュガー・ラモスの公開スパーリング

さんは日本に恩返ししたいという気持ちで熱い情熱を選手に注いでくれました。

本当に沢山の人達がスタンレーさんに感謝している事と思います。

私の娘婿で自身もボクシングを趣味としている木村一相（笹塚歯科）もハワイ訪問の際にはカカアコジムに行ったり親しくして頂いております。

スタンレーさん本当にありがとう。又日本にはエディ・タウンゼント賞はありますが、スタンレー・イトウ賞が無いのが大変残念です。

【山村若夫略歴】


1940年、広島県広島市生まれ。

山陽高校在学中ボクシング部を創設。立大から協栄ジムに同郷の金平会長を慕ってプロ転向。金平会長は海老原博之（世界チャンピオン）と山村を特別にマンションの個室に住まわせる。

プロ転向して、11戦10勝1敗、9KOの成績を残し、故郷広島に帰郷しボクシングジムを経営する。

協栄ジム時代は世界チャンピオンのシュガー・ラモス、矢尾板貞雄、米倉健司、その他世界トップクラスのボクサーのスパーリング・パートナーを務める。

株式会社コーライ会長。

【注：山陽高校ボクシング部】

創立者：山村若夫
創立年：1958年
著名選手：塩本千栄浩氏（山陽高―中央大）東京オリンピック時に桜井孝雄氏（中央大）のマネージャーとして桜井選手の金メダル獲得に尽力した。
丸亀恭敬氏（山陽高―東洋大）
広島県内にてボクシングスクールをNPO法人化し、フリースクールとして開設。

ボクシングトレーニングを通じて不登校、ひきこもり、いじめなどに負けないように心身ともに健康を推進、また子息である二男は全日本優勝経験があり、法政大を卒業後竹原畑山ジムからプロデビューしている。

坂本孝雄氏（山陽高―日大―新日本木村）

山陽高校から日本大学に進学、2年時に中退後プロに転向、日本ウエルター級チャンピオン。現在焼肉チェーン店「ぶち」を展開し実業家としても活躍中。

小島英次氏（山陽高―桃山学院大―金沢ジム）

桃山学院4年時に中退後プロボクシング界に入り、東洋太平洋スーパーフライ級チャンピオンになった。現在は広島でも老舗の造園会社「小島松風園」の庭師として家業に励んでいる。

坂田健史氏（山陽高―協栄ジム）

山陽高校卒業と同時に協栄ジムに入り、新人王―日本チャンピオンのベルトを獲得後、世界戦4度目の挑戦にてWBA世界フライ級チャンピオンとなった。現在は政治家に転身し、東京都稲城市の市議会議員として活躍中。

カカアコジムでのスタンレーさんの指導

坂田健史

私は小学生のころ、強い男にあこがれていました。

当時マイクタイソンが日の出の勢いで無敗を誇っていたときです。

そして、山陽高校に入学しボクシング部に入部したのですが、当時まだボクシングの厳しさを認識していなくてただあこがれで入部したので、現実とのギャップに悩みたった三ヶ月で止めました。自分の考えの甘さに気がついたのです。

でもボクシングに対するあこがれは断ち切れず、もう一度やりたくなり、広島の竹原ジムに入会しプロを目指したのです。

しばらくして竹原さんに東京に行くのなら協栄ジムに行きなさいといわれ上京しました。でも他にどんなジムがあるか自分の目で確かめたくて、20くらいのジムに見学に行きましたが、やはり協栄ジムの雰囲気がとても厳しくボクシングをやるならこのジムだと決めました。そのとき面接していただいたのが金平正紀会長と山村若夫氏でした。

1998年4月に入会し12月にはデビューしました。

そのとき金平会長にセコンドについていただいたことがいまでも大変印象に残っています。大竹さんにはいつもセコンドについていただき、とても心強く思いました。

金平前会長はとても優しい方だと思います。見掛けは恐いのですが選手に対する愛情をひしひしと感じました。

ハワイには何回も行きました。大竹コーチにつれられカカアコジムには世界戦の前は2週間も滞在し、スタンレーさんの指導を受けました。スタンレーさんからはコーナーにつめられたときの脱出方法（ロープの反動を利用して相手の肘を押し相手の身体を回転させするりと身体を入れ替える技）をおしえていただきました。

今思うに、私が協栄ジムに入り世界チャンピオンまでになったことは政治の世界に入ってからもとても役にたっています。

死ぬほど苦しい練習と試合で培われた体力と気力を今度は稲城市の発展と市民の幸福ひいては日本のために使うよう全身全霊で努力するつもりです。

【坂田健史略歴】
1980年、広島県安芸郡生まれ。
山陽高校在学時にボクシングをはじめ、1998年プロデビュー。
1999年、全日本フライ級王座獲得、防衛3回。
2003年、日本フライ級王座獲得、防衛2回後返上。
2007年WBA世界フライ級王座獲得、防衛4回。
2011年、現役引退表明。
2011年　稲城市議会議員当選。

イトウ先生に教わったトレーナーの勉強

金元孝男

カカアコジムは、スタンレー・イトウのボクシングを後世に残そうという趣旨で、立ちあげられました。イトウ先生とは、大竹マネージャーと一緒に初めてハワイに行った30年前から親しくさせて頂いています。

カカアコジム会長マサ・ナカオカ（左）と金元

ジム合宿所へ選手を連れて行っては、朝はロードワーク、午後はジムで、イトウ先生の指示に従い練習。世界王者になる前の坂田健史選手もジムで約2週間合宿。

その後、世界王者になったことは大変うれしいことでした。

ジムで寝て、食事は私が作るという、昔、イトウ先生の自宅に日本人選手が寝泊まりしていた時代と同じスタイルのハワイ合宿。

イトウ先生の指示を聞きながら、練習のさせ方を見ながら、私はトレーナーの勉強をさせてもらいました。

ハワイとの交流から始まった日本ボクシング界の歴史は、日本ボクシング界とイトウ先生の歴史でもあります。

偉大な足跡が後世に残ることをうれしく思います。

【金元孝男略歴】

1960年生まれ。

元協栄ボクシングジム契約トレーナー。J・S・Cマネジャー。

ボクシングマスター主宰として、世界各国からのボクシング最新情報を配信。

父・坂本逸男とスタンレーさん

坂本かな子

私の父、坂本逸男とスタンレーさんは、40年前からのお付き合いでありました。

父は岩手県アマチュアボクシングの連盟会長も務めさせていただき、スタンレーさんと最初に出会ったのは東京オリンピックの年（昭和39年）、全日本高校選抜チームのコーチとしてハワイで強化合宿をしたときだそうです。

以来、スタンレーさんは来日の折は必ず岩手まで足を運んでいただき、この我が家にも

中央がスタンレー。その左が坂本かな子。中央右背広姿が大久保氏

いらしていただいたことがあります。

そして平成24年5月19日に、久しぶりにスタンレーさんが来日されたときにお電話をいただいたのですが、父はその年の1月に亡くなっており、スタンレーさんは40年来の親友を亡くしてとても落胆されていました。

思えば平成17年6月に父はハワイに行き、スタンレーさんをカカアコジムに訪ね再会を約束していたそうです。その時の様子は当時の胆江日日新聞に大きく報道されましたので、ご記憶のある方もいらっしゃると思います。

この写真は、昭和39年我が家にいらしたときの写真です。

※筆者注
岩手県のボクシングはアマ、プロとも盛んで特に元強化委員長の佐々木達彦氏〔明治大学卒〕は指導者として二宮尊徳の「可愛くば5つ教えて3つ褒め2つ叱って良き人となせ」をアレンジし独自の強化方法で幾多の名選手を出している。

また、プロでは八重樫選手〔大橋ジム〕が世界チャンピオンとして有名だ。

なお、八重樫選手は高校時代、スタンレーさんからジャブさえ正確に打てれば君はチャンピオンになれる。といわれたそうです〔2013・5・横浜大橋ボクシングジムにて〕。


【坂本かな子略歴】

1949年、岩手県奥州市に坂本逸男の長女として生まれる。

有限会社コピーセンターさかもと代表。

やわらかい言葉を使っての指導

佐々木達彦

スタンレーさんとは坂本逸男氏〔元岩手県アマチュアボクシング連盟会長〕とご一緒にお会いして以来数十年のときが経過していましたが昨年十何年ぶりにお会いすることができとても光栄でした。

しかし坂本逸男氏との再会はもうすこしのところで実現されず、スタンレーさんの心痛は長年のご親友を亡くされたことでお察しするにあまりあるほどだったと思います。

私も、長年ボクシングの指導者として、いかに良いリーダーシップの下に優秀なボクサーが育つかを課題に研究してまいりました。

以下は私の信条としてボクシングを教えるにあたりいつも心懸けていることです。

(電話インタビューでしたので要点のみ記載します。著者)

1. 競技（ボクシング）をやりたいという（入部）を尊重する。

2. 気付いた時にひと声かける。

3. やわらかい言葉を使う。
4. ポイントを簡潔に話す。
5. じっくり聞き考える余裕のあるときをえらぶ。
6. かけた一言で選手が気がついたかどうか見定める。
7. 変化や成長が見られたら誉める。
8. 変化がなければ何度でも声をかける。

（感想）

なるほど短い言葉の中に沢山のことがあらわされていますね。

とくに最近問題になっているトレーナーやコーチの言動についてとても参考になると思います。

柔らかい言葉、これこそスタンレーさんの信条としていることと一致しています。

スタンレーさんは言葉遣いも上品で選手に対しても練習や試合でも決して乱暴な言葉は使ったことがないそうです。これはスタンレーさんに教わったボクサー達が証言しています。

【佐々木達彦略歴】

１９４１年12月生まれ、盛岡南高等学校卒、明治大学農芸化学科卒業（昭和39年）。

明治大学ボクシング部。

元　北日本高等専修学校　勤務。

岩手県ボクシング連盟理事長。

東北ボクシング連盟強化委員長。

ボクシングにかける情熱に敬服

I WAS THERE

福井広海

親友で作家のアイク田川氏がスタンレー・イトウ伝を書くと聞いて、わがことのように心からよろこび、執筆に万雷の拍手を送ります。

スタンレーさんは去年の5月19日に、その昔、ダド・マリノと白井義男の世界フライ級タイトルマッチが行われた60周年という記念に有志が招聘し来日された。スタンレーさん

白井義男（左）と福井

はトレーナーとして一時代を画され、戦後の日本ボクシング界の発展に多大の功績を尽された大恩人である。

現在89歳で、ハワイで、その昔のご活躍を知る人ぞ知るの好々爺でお元気な毎日をおすごしである。

因みに存命なればダド・マリノさんが98歳、白井義男さんが90歳で、加うるにサム一ノ瀬、カーン博士と今も忘れることないなつかしい顔が容易に想起される。

60年前の5月19日、後楽園球場の特設リングでの日本初の世界フライ級タイトルマッチを、私はこの目で観戦した一人である。結果はご高承の通り白井選手の判定勝ちで、会場は割れんばかりに沸いた。

スタンレーさんのバスタオルを首にかけてのセコンド姿はのちの具志堅選手をはじめとして、そのなつかしい英姿は今も忘れることはない。あれから60年の歳月のすみやかなるに今更ながらおどろかされる。

私がスタンレーさんにご挨拶したのは、今からわずかに5年前のことで、ところはハワイである。以来毎正月にハワイでお会いしているので、ほかの誰よりも昨今のスタンレーさんを知る者のひとりと自負している。

スタンレーさんはその昔の俳優水島道太郎さんの仲人で日本で結婚されているが、その奥様を三年前に亡くされ、今はキャロル、スーザンの娘さん達と静かに暮らされている。スタンレーさんと話すと次から次と話に花が咲き、記憶力のすごささに敬服する。

ボクシングにかける情熱は今も旺盛で、日本ボクシング界の更なる発展をハワイの地より願っておられる。

いつまでも、いつまでもお元気でのご多幸を祈りつゝ……。

ダイアモンドヘッドにワイキキに思いを馳せながら拙い文の筆を置く。アローハ！

【福井広海略歴】

１９３２年、山口県山口市生まれ。

１９４９年、全国高校ウェルター級チャンピオン。日大卒。

広島で山村若夫、宮下攻にボクシング技術を指導する。

特別養護老人ホーム泰山事務長。

なけなしの小遣いをはたいて見た
ダド・マリノVS白井

I WAS THERE TOO!!

岡村一正

私は昭和27年4月に東京港区の高校に入学しました。

毎日の通学で三田にあった帝拳ジムの前を通り帰路は窓越しにプロの練習生のトレーニングを見るのが日課でした。

ある日いつものように窓にへばりついていた私の耳に明日ここに白井義男とカーン博士が練習に来るんだぞ、と言う古参選手の会話が飛び込んできた。

私は今人気の白井が来るんだと思い中に入って尋ねると年配の人は困った様子、どうやら秘密であるらしい。それでも午後から来るらしいと推測できた。

翌日昼休みを待って駆けつけるといつもの窓は固く閉ざされていたが、ジム内は人ごみで既に始まっている様子。入口に係員がいて一般の人は入れない、白井選手を見たい願望が一層渦巻く。

私は5月19日なけなしの小遣いをはたいて後楽園球場に王者ダド・マリノ〔米国〕に白井義男が挑戦する世界フライ級タイトルマッチを見にいった。

球場の周りは人々であふれ何とか中に入るとリングはセカンドベースあたりに設置され各所に裸電球がぶら下がり祭りの夜店を思わせている。観衆はスタンド席はもとよりフィールド内もロープで区切った立見席も超満員である。

リングアナウンサーの声は前座試合の段階でかき消された。

リングに上がったマリノはいかにもパンチが強そうで体もがっちりしてチャンピオンの風格を漂わせ、一方白井は細身で俊敏そうであるが何か心もとない感じ、いま思うと終戦まもなく、私ばかりでなく日本人の感情は米国人コンプレックスが多々影響していた。

戦況は前傾姿勢で接近してくるマリノに対し白井は軽快にジャブをかさね距離を保つ、

そのようなラウンドが続き中盤マリノのフックが白井の顔面をとらえる緊迫した場面が何度かあったが白井はクリンチで遠ざけた。

終盤はマリノのあせりから空パンチが目立ち白井は終始ジャブとストレートで出鼻を制しフットワークでマリノの攻撃をかわした。

判定は僅差であったが白井の手数が勝った。

勝利が日本人選手に決まった瞬間、観衆は総立ちになり興奮して勝利に酔った。

私も場外に出るのに30分余りかかり水道橋駅の階段を嬉しくて夢中でかけ上がった。


【岡村一正略歴】

1935年生まれ。

元日本アメリカンフットボール協会常任理事。

元NHKアメリカンフットボール解説者。

スタンレーさんに教えてもらったボクシングの真髄　上原康恒

上原氏とは薫風薫る軽井沢の氏所有のテニスガーデンでお話を伺った。

同行してくれたのは私の60年来の親友、熊[※注]倉英夫君であったが、上原氏が熊倉君の顔を見て「あなたに会ったことありますよ」といわれたので、私もその奇遇に驚いた。

数年前の軽井沢のあるパーティーで会ったことがあるそうで、チャンピオンの記憶力の素晴らしさに二人ともびっくりした。

著者：今日はお忙しい中お時間をさいていただいてありがとうございます。まずスタンレーさんの思い出からお話をお伺いしたいと思います。

上原：そうですね。スタンレーさんと初めてお会いしたのは私が未だ高校生のころだと思います。そのころ高校の全国チャンピオンになって、大学、協栄ジムでも教えていただきました。ハワイでプロデビューして連勝しました。当時弟のフリッパー上原とスタンレーさんの家に居て兄弟でボクシングの真髄を教えていただきました。

著者：あっ、その時の写真スタンレーさんから見せていただきましたよ。
上原：そうですか。それから時代がさがってスタンレーさんの奥様がご病気になられた時はとても悲しかったです。お元気なときは美味しいお料理を作ってくださったり、とてもお気持ちのやさしい方でした。
著者：そうですね。私も奥様のことはとてもよい方だと何人ものボクサーの方から聞いています。ところで上原さんがデトロイトでセラノから世界タイトルを取った時のことをお話してください。
上原：あのデトロイトという町はすごいところです。なにしろ、当時はジャパンバッシングの真っ盛りで、その上治安が悪く夜は外出しないようホテルの人に言われました。
著者：そうですね。私の友人もバーで飲んでいたらお前は日本人か？　と聞かれたのでそうだと答えたら、いきなりぶん殴られたといっていました。でもその後、「さっきはごめんね。俺は車の工場で働いていたが、日本車の進出でレイオフされてしまっていたので」といってビールを奢ってくれた、といっていましたが一杯のビールがファイトマネーではかないませんね（笑い）。ところで試合のフィルムを改めて見ていましたが、あの夜は世界戦が3つもあったんですね。

上原：そうです。あの日はメインがトーマス・ハーンズとピピノ・クエバスでした。

著者：トーマス・ハーンズは別名モーターシティコブラ、又はヒットマン（殺し屋）といわれ、ピピノ・クエバスはメキシコの怪物といわれ、これもすごいカードでしたね。試合はハーンズの右フックが一閃、クエバスがマットにたたきつけられて試合は終わりで会場内は異常な興奮で、上原さんとセラノの試合を待っていましたね。改めてビデオを見ると当時人気のアナウンサー、ジミー・レノンが上原さんの紹介を「グレートボクシングファミリーフロムジャパン」と紹介しているのは弟さんのフリッパーさんのことも意味しているのですね。また、コメンテーターの人が試合の途中でセラノのことを「I like this gentleman」といっていました。やはり同国人を応援するのですかね。

上原：会場には多数のプエルトリコ人が来て、セラノを応援していました。

著者：でも上原さんはリングに入ったときから終始落ち着いてとても自信にみちていましたよ。6回のKOはとても戦慄的で、アナウンサーもこんな試合見たこと無いといって驚いていました。

上原：私もこの試合には充分準備が出来、必ず倒せるとおもっていました。

著者：12回連続防衛のセラノから勝利をもぎ取ったとき金平会長と抱き合っていたのが印

1980年デトロイトで王座獲得した時の上原。左はトレーナーを務めた高橋勝郎、右は当時の協栄ジム会長金平正紀（上原氏提供）

象的でした。試合が終わり観衆までがリングに駆け上がりましたが、そのときベレー帽をかぶった男ともう一人ファンみたいのが金平会長に抱きついていましたが、あの人達は上原さんのファンですか？

上原：とんでもない。金平会長が後で気がついたのですが、あの人達にポケットに入れていたお金を取られたのです。

著者：へー、それでは泥棒ですか？

上原：そうです。私もホテルの部屋に本に挟んで洗濯物の中に隠していたお金もとられていました。

著者：でも世界チャンピオンになったんだからよかったですよ。

上原さんの奥様：私もうれしくてうれしくて、高橋勝郎さんともハッピーハッピーといって喜びました。試合中も大きな声で応援したものですから周りの人もびっくり。なにしろ日本人女性は私一人しかいませんでしたから。

著者：会長と高橋さんが上原は力むくせがあるからもっとリラックスして思い切り自分のおもったようにやれ、といったので上原さんも気が楽になったのですかね。

上原：世界チャンピオンになったからすこしハワイで遊んで帰ろうと思ったら、会長が早く日本に帰って来いというので、楽しみにしていたハワイはたったの一泊でした。日本に帰って飛行機からでると記者の方たちがいっぱいいて、初めはそばにいた有名な俳優さんを撮っているのかとおもってカメラのレンズを見るとそのレンズがみんな私に向かってくるのでびっくりしてあらためて世界チャンピオンになったんだとおもいました。

著者：今日は面白いお話ありがとうございました。

【上原康恒略歴】
1950年、沖縄県生まれ。
第20代WBA世界スーパーフェザー級、日本スーパーフェザー級王座。

実弟であるフリッパー上原も元プロボクサー。
※注　熊倉英夫
　昭和十一年生まれ。立大レスリング部ＯＢ。
　定年後、パターリフティングをはじめ日本記録を5回樹立。

スタンレーさんの思い出

柴田国明

著者：早速ですがスタンレーさんとの思い出からお話しください。
柴田：スタンレーさんとの一番の思い出はハワイで「柴田ここで世界チャンピオンになったらうれしいね」といって私の心を鼓舞してくれたことです。
ハワイでは毎朝スタンレーさんがついてワイキキをロードワークしました。
またスタンレーさんは「柴田、パンチをもらったら必ず返しなさい、これボクシングの礼儀なの」など、面白い表現で教えてくれるのでとても判りやすかった。

エディさんにも随分良いこと教えてもらったし、なにより私を世界チャンプにしてくれた米倉会長にはとても感謝しています。

著者：柴田さんは世界選手権を3度も獲得し『海外で2度』尚その初防衛を全部なさっているのですがこれは素晴らしいことですね。

この秘訣は何でしょうか？

柴田：先ず相手を徹底的に知ることです。

そして味方の100人より敵の中の一人を自分の味方にすることです。

又、敵が自分の何を恐れているのか自分の弱点をどこに絞っているのかを知ることです。

著者：米倉会長にはどんな指導を受けたのですか？

柴田：会長との約束は1．酒を飲まない　2．煙草を吸わない　3．うそをつかない。

この3つを約束させられました。

著者：柴田さんがいつも座右の銘としていることはなんでしょうか？

柴田：それは、1．今に見ていろ、2．感動、3．まず行動、4．リングの中で迷うな、

5．小さな恥はかくせるが大きな恥は隠せない、小さいうちに相談する。

6．出会いは一瞬で決まる。

7．人は変えられないが自分を変えることはできる。
8．自信と慢心は紙一重、
9．自分との闘いは苦しみと喜びが共存している。

最後に米倉会長に感謝の言葉を捧げます。

『出会って』
｛愛と勇気＝夢｝

「いつかやるなら今やろう！」

著者：今日はお忙しい中お時間を割いていただきまことにありがとうございました。

付記：著者は柴田氏のボクシングに対する深い造詣と情熱、物事を正確に判断する力にこころより感銘した一時間であったことを付記する。
そして最後に自分を世界チャンピオンにしてくれた米倉会長に対しても心より感謝していることに私は深い感銘を覚えた。現代人が忘れがちな「世話になった人に対する感謝の気持ち」を引退後の何十年も持ち続けていることは素晴らしいことだ。

【柴田国明略歴】
1947年　茨城県日立市出身。
NPO法人ヨネクラボクシングスクール理事、校長。
獲得タイトル
第15代　日本フェザー級王座獲得。
第8代　WBC世界フェザー級王座　防衛2回。
第17代　WBA世界スーパーフェザー級王座　防衛1回。
第7代　WBC世界スーパーフェザー級王座　防衛3回。

世界戦で心強かったスタンレーさんの存在

渡嘉敷勝男

この名チャンピオンには、2013年風薫る5月のある日電話でインタビューしました。

著者：渡嘉敷さんにとって、スタンレーさんはどんな方でしたか？

渡嘉敷：スタンレーさんは私にとっては大恩人です。スタンレーさんには、心から感謝しております。ハワイに行ったときもいつも優しい言葉をかけていただき、そしてフラミンゴのレストランでおいしいステーキをご馳走になったりしたことがよい思い出です。奥様もとてもきれいな優しい方でハワイは本当に私にとって楽園のようでした。

著者：ハワイは気候もよくトレーニングには最適なところですね。

渡嘉敷：サムイチノセさんからも毎年クリスマスカードを送っていただいたりとても嬉しかったです。

世界戦のときでもスタンレーさんがついていてくれるととても安心して戦えました。たとえ傷を負ってもスタンレーさんの処置は１００パーセント上手だったので傷を心配せず思う存分闘えるからです。

著者：そうですね。金平桂一郎会長も、スタンレーさんのカットマンとしての技術もすごく信頼しておられました。

渡嘉敷：スタンレーさんいつまでもいつまでもお元気でいてください。

著者：今日はどうもありがとうございました。

【渡嘉敷勝男略歴】

1960年、沖縄県出身、兵庫県育ち。

第6代WBA世界ライトフライ級王者。

現役時代は協栄ジムに所属。

現在は地下鉄中野新橋駅の近くで渡嘉敷ボクシングジムを経営。

村田龍生《タツオ》（第23代OPBF東洋太平洋L・フライ級チャンピオン）、山口真吾《しんご》（第24代東洋太平洋L・フライ級チャンピオン）等多数の名ボクサーを輩出している。

スタンレーを悔やませた男

梶　弘幸

梶弘幸は1932年2月8日東京本所出身。

日大1中時代は卓球の選手として活躍する。その才能を見込まれ、日大の予科に入学金免除で進み卓球部に属したが、たまたま実兄がボクシング部で活躍していたのを見て、自分もボクシングの魅力にとりつかれ転部した。

天性の運動神経に加え、卓球で培われたフットワークと小さな玉のすばやい動きを捕まえる眼力を、今度はボクシングに生かし瞬く間に日大のポイントゲッターとして活躍、1952年にはハワイ遠征チームの主力選手としてホノルルで5戦している。そのときサム・イチノセやスタンレー・イトウの目にとまりプロ入りを勧められたが、思うところあってプロには進まなかった。

スタンレーいわく「もしプロに転向したら世界を狙える逸材にする自信があった」

「彼は技術的にも精神力でも体力的にもAAUでトップを狙えた」

事実、マディソンスクエアガーデンのAAU大会が予定されたが、事前に中止の方が入り断念した。

カバー裏面の写真は1952年7月―9月までホノルル遠征したときのワイキキの写真である（後列右から六番目が梶弘幸）。

若き日のスタンレー・イトウも写っている（前列右から二番目）。

【梶　弘幸略歴】

1932年、東京都本所生まれ。日本大学経済学部経営学科卒。

1952年、全日本選手権ライト級チャンピオン。

1954年、全日本ゴールデングローブチャンピオンシップライト級チャンピオン。

UNホールディングス㈱会長。

広島、ハワイからロンドンの有名人に夢のミドル級世界チャンプを作った男

宮下　攻

宮下攻は1947年広島生まれ、郷土の先輩山村若夫（立大─協栄ジム）にあこがれ、地元のジム（田中ジム）でボクシングを始めた。

その素質は加古川で行われた東京オリンピックの候補者としての合宿でスタンレーの指導を受けたときから開花した。

先輩の山村はこの後輩を自分のいる協栄ジムに勧誘し上京させプロボクサーとしての道

を歩むことになった。

宮下は当時の金平ジムの近所に美容院がありそこに働いていた美貌の女性の現夫人敬子《のりこ》さんにプロポーズ、長女の喜代美ちゃんを授かりボクシング一筋の人生が始まった。

この喜代美ちゃんの名付け親は金平正紀会長であった。

ボクシングに専心できるようになった宮下はデビュー以来KOの山を築き「7試合して全部KOそれも2回までに終わらせたのが1回だけ」と猛打ぶりを発揮全勝街道を驀進する。金平会長はこの宮下にぞっこん惚れ込み海老原2世として期待した。

金平正紀は名トレーナースタンレー・イトウのいるハワイに宮下を送り込む。

宮下はスタンレーの人柄と指導力にいたく感激し「この人のために絶対この試合は勝つんだといつも心に誓ったそうだ」

またスタンレーの奥様が宮下の浪費癖を心配しハワイで稼いだファイトマネーをすべて貯金していてくれたのでよかった。

ハワイでは宮下の強打はウェルター級ぐらいの強さでその戦いぶりも破天荒、人気はうなぎのぼりで、試合のときは8000人入るシビックセンターに入りきらずに会場（現NBC）のそとを2重、3重に観衆がとりまいたそうだ。

元リキジムのマネジャー、ジョージ吉永は宮下の一流ボクサーの可能性を見てロスアンゼルスに呼びバンタム級上位にランクされていたメキシコのホープといわれていたバルビドノスと五分に打ち合っていたのを見て〔僅差の判定負け〕、この男は世界を取れると確信した〔この試合はテレビ中継された〕。

ロスアンゼルスでは元リキジムのジョージ吉永が宮下なら世界が取れると英国の有力ボクシングプロモーター、ローレンスルイスと交渉、WBC世界フライ級チャンピオンであったウオルター・マックゴワン〔当時世界4位〕に挑戦させる契約を実現させた（このマックゴワンは1966年6月14日から1966年12月30日までWBC世界フライ級チャンピオン）。マックゴワンはチャチャイ・チオノイに3か月まえに判定で王座を追われていた。

ロスアンゼルスでは日米毎日に「ロスで掴んだ世界、宮下マックゴワン戦に意欲満々」と大きく写真入りで報道され在米日系人の期待をバックにロンドンに乗りこんだ（この年、日本航空はロス—ロンドン間のダイレクトフライトを就航させているので宮下もこの便でロンドン入りした）。

試合は1967年2月26日グロブナーホテルのスポーツクラブ〔このホテルは私も1969年5月に宿泊しているがロンドン随一の伝統あるホテルでこのスポーツクラブでの試合はLIMITED GUESTS〔一般の入場は受け付けない。貴族階級かトップ政治家のみ観戦が出来る〕で行われた。

その証拠に前日の現地の新聞には引退する議会の労働党の委員長が真ん中に立ち左に宮下、右にマックゴワンを従え写真に納まっている。また流石ユーモアと皮肉の国でその議長が「私は明日ミドル級の世界チャンプを引退するがこの東洋の国からはるばる来た若者と我が栄光の国のチャンピオン〔英連邦〕がよい試合をするよう望む」とコメントしている。

これほどこの近代ボクシング発祥の地イギリスではボクシングを「真のスポーツ」として捉えているのだ。

試合は予想どおり、宮下の強打が爆発、7回には右のクロスで相手をぐらつかせ左目の上をカットその後マックゴワンは防戦一方でリングを逃げ回った。

試合の後宮下は完全に勝ったと思ったが、レフェリーはマックゴワンの手をあげた。

新聞にはマックゴワンが血だるまになって宮下のパンチを顔面に打ち込まれている写真

1995年、日本初の世界ミドル級王者に輝いた竹原慎二。右が宮下

を載せて試合の結果の不当性を皮肉っている。「もう日本に帰ってくれとマックゴワンがいっているようだ」との注釈付き。

しかし勝利の女神は邪悪な判断をくだしたのだ。

その後の宮下は自分の果たせなかった夢を同じ郷里の竹原慎二に託し、沖徳一氏という強力なバックアップを得て、竹原慎二を日本人で初の世界ミドル級チャンピオンに育て上げた。

福岡県久留米市出身の沖徳一氏は板橋の実業家であったがボクシングが好きで、竹原の世界挑戦のためラスベガスに乗り込みドンキングと交渉して世界戦をまとめた。

ミドル級といえば昔からアメリカでもっ

とも激戦区で比較的近年ではマービン・ハグラーやモーターシティコブラの異名をとるトーマス・ハーンズ、もう少し時代を遡るとディック・タイガーやジョーイ・ジャーデロなどがいる。昔からへビー級にはないスピードでメガトン級のパンチの楽しめるクラスとしてボクシングの真髄を楽しめるアメリカ人がもっとも好きな階級である。

竹原は恵まれた体躯から繰り出す強打でタイトルをとったが不幸にも網膜剥離になり防衛戦ではタイトルを失っている。

竹原は広島の暴れん坊であったが、日本人初のミドル級世界チャンピオンという、我々ボクシングファンのみならず日本人の夢を実現した男として、現在はこれまた往年の名選手関光徳をして「日本ボクシングの宝」といわしめた畑山隆則とのコンビで、東京の大田区でフィットネスボクシングジムを経営している。

この竹原も師匠の宮下も広島の出身であり広島というところは協栄ジムの会長金平正紀の出身地であり、山村若夫も金平会長を慕って協栄ジムに入っており歴代ハワイ移民の発祥地でありスタンレー・イトウの両親も広島からの移民であることを考えるとなにかしらの縁があると思わざるを得ない。

宮下は西城正三のオオクラジムでもトレーナーとして働いたが、現在は地下鉄丸の内線の中野新橋駅近くにある渡嘉敷ジムで指導にあたっている。

ここでも多数の有望なボクサーに囲まれ、強力パンチの秘伝を授けているすがたはまことに頼もしい。


【宮下　攻略歴】

1943年、広島県安芸郡生まれ。

高校時代に地元の田中ジムでボクシングの手ほどきをうけた。そのとき福井広海氏（元全日本高校ウェルター級チャンピオン）にボクシングの基礎を徹底的に教えられたのが、後年花を咲かすことになる。

海老原2世といわれ期待された。因みに名解説者の矢尾板貞雄氏は「宮下君は強打のみならずそのテクニックも世界一流である」と評している。

シンデレラボーイ

西城正三

Saijo Captures Featherweight Title のビッグニュースを聞いたのは当時住んでいたアメリカであった。

１９６８年９月29日のニューヨークタイムズは写真入りで西城の写真を大きく掲げ白井義男、ファイティング原田のときと同じように日本人チャンピオンを祝っている。

そこで私の見たこのニューヨークタイムズの記事を日本語に訳し要約してみた。

＊第一試合はドミニカのカルロス・クルスがロングビーチのマンド・ラモスにタイトルを取られた。そしてこの夜はメキシコ系アメリカ人に屈辱の日であった。

＊第二試合は日本から来た西城が６回ラウル・ロハスを６回にＫＯで倒した。

この日の観衆は２０、１３２人。ロハスは３５、０００ドル、西城は１０、０００ドルのファイトマネーだった。それでも東京から来たこのボクサーは日本では一試合高くても２００ドルしかもらっていなかったので一夜でこのボーイの人生は変わった。

それでは日本の新聞はこの快挙をどのように報道したのであろう。

読売新聞昭和43年９月29日の朝刊には「たくましい現代っ子」と大きい見出しで西城選

手のご両親の写真と談話をのせているので要約してみる。

＊「おふくろにすぐ言ってやってね」ロスアンゼルスのメモリアルコロシアムで行われた世界フェザー級タイトルマッチで見事チャンピオンになった西城は勝利の瞬間リングに飛び上がった兄の正右さんに甘えるように言った。

そしてマイクに向かって万歳と叫んだがこれはアナウンサーの注文（アメリカ人アナウンサーもバンザイの意味を知っていたのであろう）。

トレーナーのスタンレー・イトウが西城をうしろから胴上げ。兄の正右さんがなにやら絶叫しながら抱きついた。金平会長が泣いている。

何本かの手の上で西城は両手をあげた。「お父さん、お母さん約束したことを果しました」「トレーナーの教え通りにやっただけです」そして日本では協栄ジムに西城選手のはずんだナマの声が飛び込んできた。父親は「とったよ　お父さん」という元気な末っ子の声をきいたとたん「よくやった」といっただけで顔をうつむけてしまった。

母親の志ゆきさんは「小学校のころからガキ大将でよく近所のこどもを集めて遊んでいましたが弱い者いじめは絶対しなかった。旅行にいけば、なけなしのお金でおみやげ

左よりチャージン、ローレイン、西城、スタンレー

を買ってくるやさしい子でした」とうれし涙をうかべながら語っていた。

さてこの記事にあるようにこのとき西城選手のコーナーについたのがこの本の主人公スタンレー・イトウである。

この試合のことを後日西城氏に電話インタビューすると、「この夜はスタンレーさんがコーナーについてくれたので絶対勝てると思った。スタンレーさんは自分の良いところを引き出してくれた。スタンレーさんはアメリカでも有名だったので全面的に信頼した」とのコメントを頂いた。

またこの試合のプロモーターはサム・

イチノセではなくてサムの紹介したドン・チャージン氏だ。前頁の写真はそのときのもの。〔1968年9月28日〕チャージン氏と奥さんのローレイン、西城、スタンレー。チャージン氏はハワイ出身の世界チャンピオン、ボボ・オルソンもプロモートした。主にカリフォルニアを本拠地として活躍した。

【西城正三略歴】
1947年1月28日生まれ。
埼玉県北足立郡鳩ヶ谷町出身。
第18代WBA世界フェザー級チャンピオン。
第1回日本プロスポーツ大賞受賞（1968年）。

証言：西城君はジムでも練習熱心でスパーリングでも徹底的に研究して人の倍も練習していた。やはり世界チャンピオンになるべくしてなった選手である。
『協栄ジム顧問　山村若夫談』

具志堅用高

元WBA世界ライトフライ級王者
白井・具志堅スポーツジム会長

スタンレーさんには世界戦の初防衛から引退まで、すべての試合でお世話になりました。目を切ってしまっても、スタンレーさんがいれば必ず血を止めてくれたので、安心して試合に集中して挑むことができました。また、ハワイでのキャンプも一日中つきっきりで私を見てくれました。心強かったです。

食事や休憩の時も含めて朝から晩までボクシングの話ばかり。知識も豊富でとても勉強になりました。

またトレーナーを離れ一個人としても、優しくて器が大きいスタンレーさんは現役当時の僕の支えでした。

ガッツ石松

元WBC世界ライト級チャンピオン
世界チャンピオン会会長

スタンレーさんは、日本のボクシング界の大恩人である。

後書きにかえて
～ハワイアンボクサーの歴史とスタンレー・イトウ

19世紀中ごろから、ハワイはアメリカ捕鯨船の寄港地であり、とくにラハイナ港は栄えていた。

そして20世紀に入ると、イギリスやアメリカ艦隊がぞくぞく寄港するようになる。そのころ、アメリカの海軍の軍艦のデッキで、ボクシングの試合が行われた記事がある。日本にも縁のある水兵トーマスシャーキーも、アメリカ海軍に所属していたときにハワイで試合をしている。

それはさておき、ハワイでボクシングが盛んになったのは１９２０年代末からと思われる。

このころになるとアマチュアの試合が頻繁に行われるようになり、ハワイ代表としてＡＡＵに出場する選手も出てくる。

しかし未だ、マディソンスクエアガーデンで全米から選りすぐられたボクサーに太刀打ち出来る者はいなかった。

１９３１年、ハワイからはヘビー級を除いてフライ級から、ライトヘビー級まで7名の代表を送った。ウェルター級のベンアハクエロが2回戦まですすんだが、あとは全員一回戦で敗退した。

翌年、ハワイは軍人のボクサー、ウエルター級のルービンホワイトとミドル級のチャーレスフェアの二人をニューヨークに送り込んだ。フェアは一回戦で敗退したがホワイトはセミファイナルまで進んだ。しかしこの試合はレフェリーが初めにホワイトの手を上げたのち負けを宣告するなど、おかしな判定であった。

この大会には後にハワイのスターとなるギルバートムラカミ〔日系人〕も参加している。1934年、この年に日本でおなじみのエディ・タウンゼントが、ハワイ代表としてセントルイスの全米大会に出場しているが、2回戦で敗退している。ピストン堀口もハワイに遠征し、東洋タイトルを獲得し日本人の強さを印象づけている。このときの在留邦人は遥々祖国から来たこの若者の快挙に酔いしれたという（2014年6月1日、ピストン堀口生誕百年祭が盛大に行われる予定）。

1936年、アンディビデゥルに率いられたハワイ代表はクリーブランドで行われたAAUに渡航した（このころは大陸までは船で行くのが普通だった。マロロ港からロスアンゼルスまで船でいき、そこから鉄道でオハイオまで恐らく1週間はかかったであろう）。

この年のメンバーには日系人のギルバートムラカミ、ジェネララオケンジなどがいた。

翌年の1937年、AAUはセントルイス（ミズーリー州）で行われ、ハワイからはギルバートムラカミがフライ級で全米チャンピオンに輝き、バンタム級では同じく日系人のエディヤスイが全米各地から来た強豪を抑えチャンピオンになった。

またフェザー級ではサルバトーレレボイが王座を獲得し、ハワイアンボクサーの優秀さを全米に知らしめた。

1939年になると、後のハワイの前ボクシングコミッショナーであり現WBAの終身名誉会長であり、WBCの副会長であるボビーリーがハワイチャンピオンとなり、全米ではフライ級のホセメルカドがチャンピオンに輝いている。

なお、この1939年の全米AAUでは、後のヘビー級世界チャンピオンになったエザートチャーレスがミドル級でチャンピオンになっている。

また、後に白井義男のトレーナーとなったリチャードチネンなども活躍しだした。

戦前もハワイと日本のアマチュアとは交流があった。

昭和15年9月には堀口基治がダド・マリノを判定で下し、引率のサムイチノセに日本のボクシングの強さを印象づけている。

ダド・マリノは、朝鮮でも金明錫に判定で負けている。

戦後しばらく途絶えていたハワイと日本のアマチュア対抗戦は、昭和26年8月15日から

9月10日までホノルルのシビックオーデトリアムで行われた。

1951年からは日本とハワイのアマチュア対抗戦も活発になり、ハワイ遠征がアマチュアボクサーの夢となった。敗戦から6~7年しか経ってないときである。そのころ日本とハワイの間はアメリカンプレジデントラインズの豪華客船が就航していた。

勿論、この船旅を経験できるのは、アメリカからの観光客と一部の日本人であったので、ハワイ遠征はアマボクサーたちの夢であったのだ。


ここで少しデイビットクイコンヤンのことに触れておきたい。

デイビッドクンコンヤンは1916年12月5日ホノルルに生まれる。父親は中国からの移民で母親はハワイの人だと聞いている(本人確認)。いずれにせよアメリカ人には間違いない(ある記述にはChineseと紹介してあるがハワイ生まれなのでこの記述はおかしい)。

デイビッドクイコンヤンは、私の中国語を理解したのであるから中国系のアメリカ人というのが妥当であろう。16歳でボクシングを始めダド・マリノやルウサリカ、リトルパンチョなどの強豪と闘った。

当時世界チャンピオンだったルウサリカはノンタイトルでデイビッドクイコンヤンが勝ったら世界タイトルをやってやるといって、ファイトマネー6500ドルを請求して戦ったが、クイコンヤンに大差で敗れてしまった。

その後サリカはマヌエルオルチスにタイトルを取られてしまう。1938年11月クイコンヤンはロスアンゼルスでマヌエルオルチスに判定勝ちしている。

私は2012年8月ホノルルに滞在していたときに、デイビッドクイコンヤンに2回インタビュウした。当時すでに95歳の高齢であったが、ハワイオールドボクサーズ協会のボビーハヤシダ氏とともに私の滞在するコンドミニアムまで来てくれたのだ。

氏は私が玄海男のハワイでの足跡を調べていることにいたく感激して、なんと玄海男が1939年本土の帰路ハワイに滞在していたときホテルの部屋でくつろいでいるセピア色に変色した写真を持ってきてくれたのだ。このクイコンヤンはかって対戦した玄の思い出をしばし語って「ジェン（アメリカではジェンという）のテクニックは自分の対戦した数多くのボクサーの中でも1、2を競うほど高度なものだった」といった。

玄と対戦したのは1938年8月26日（於：サンフランシスコ。玄の10RTKO負）であるから、玄がジョーアリスメンディと対戦した一か月前であり、恐らく当時の玄はアメリカ滞在で磨きをかけた技術の絶頂期であったろう。

私達はその日、昼食を挟んで2時間、ハワイの古き良き時代のボクサーの話に時の経つのも忘れたのだった。彼には、その数週間後に行われたハワイオールドボクサー会でも再会することができた。

しかし、残念なことに今回ハワイに滞在する数週間前に彼が亡くなったと聞いて、私は大変落胆した。96歳の天寿を全うしたこの老ボクサーに心から弔意を捧げたい。

若かりし日のボビーハヤシダ。全米空軍バンタム級チャンピオン（1956－1958）

クイコンヤンは生涯82戦して、その内40回をＫＯで勝っている（カカアコジム記録簿）。こんな前人未踏の大記録を残した有名なボクサーも、亡くなったとき（Ｄｅｃ．29．２０１２）はホノルルの新聞の死亡欄に簡単に「元プロボクサーであり海軍退役軍人の」とだけ書いてあり、昔日の栄光を讃える記述がなかったことに憤慨したボビーハヤシダ氏は、その直後新聞社に抗議の電話を入れたと聞いて私も少しは溜飲をさげた。

ところでハワイのボクシング界は、第二次世界大戦後また昔日の栄華を取り戻す。

平和になって本土からもこの南海の楽園に多くの観光客が訪れるようになり、とくにハリウッドから有名な俳優が競ってロイヤルハワイアンホテルなどに滞在するようになり、フランクシナトラ、エルビスプレスリー、トムジョーンズ、ドンホー〔ハワイアン〕などが、夜毎観光客を楽しませていた。

同時にスポーツのほうでもハワイアンの活躍は目覚しく、日本でもおなじみのハロルドサカタ〔1948年ロンドンオリンピック重量挙げライトヘビー級銀メダル〕、トミーコーノ〔ボディビルダー〕フォードコンノ〔水泳世界選手権者〕、そしてボクシング界もダド・マリノ、ボボ・オルソン、ベンベラフォリアなどの世界チャンピオンなどが出てきて〔ボボ・オルソンはハワイ出身で本土で世界チャンピオンになった〕隆盛を極めた。

また、日本からもこの本の主人公スタンレー・イトウの指導を受けるべく、多くのボクサーがハワイを拠点に才能を磨いていった。

アマチュアボクシングでも、1951年ごろから日本とハワイの対抗戦が始まり、多くのボクサーがサムイチノセ、スタンレー・イトウの下で試合を組んでもらい力をつけていった。

1960年代後半になると、多くの日本人選手や韓国の選手がスタンレー・イトウの指導をうけるべくハワイにやってきた。

力道山は初め、石川輝を通して日本に来ないかとスタンレー・イトウを誘ったが、スタンレー・イトウは当時新婚でハワイに居をかまえたばかりだったので、エディ・タウンゼントに話がいったのだ（スタンレー談）。

日本の義兄弟ともいえる山口弘典は、スタンレーとエディはお互いに尊敬しあっていてとてもよい仲であったと証言している。

さて話を戻そう。

1960年代の後半になると日本人選手も続々とハワイにやってきてカカアコジムなどでスタンレーの指導を受けた。

米倉健司、ガッツ石松、柴田国明（柴田はここでベンベラフロアを降しWBA世界スーパーフェザー級チャンピオンになった）。

また宮下攻、上原康恒、フリッパー上原、門田新一、木村公（アイザックキムラ）などがスタンレー・イトウ、サムイチノセなどの世話になっている。「ボクシングガゼット」の平沢雪村氏は、1962年5月から半年かけて世界ボクシング事情調査のためアメリカとヨーロッパに滞在しているが、まず初めにハワイに立ち寄り、スタンレー・イトウ、サムイチノセ、ボビーリーなどに会って試合を見学している。

その中でハワイのボクサーのファイトマネーについての記述があるので見てみよう。

3回戦は65ドル、『マネージャー料の差し引きなし』。

4回戦は80ドル『ジム使用料とセカンド料各5ドルが差し引かれマネージャー料は差し引かれない。

6回戦ボーイは100ドル、メインイベントはパーセンテージ契約で675ドル55セント『うちマネージャーが219ドル18セント』と書いてある。

面白いことに、その時の試合にダド・マリノがセコンドについていることだ。

なお、このあと平沢雪村氏はシカゴのコミスキーパークで行われたリストン、パターソンの世界戦を観戦している（拙著『ボクサー達の鎮魂歌』参照）。

この本の主人公スタンレー・イトウは、この平沢雪村氏一行をホノルルのエアポートに愛嬢のキャロルちゃんを連れて車で迎えにいっている。次女のスーザンちゃんは未だ生まれていなかったのであろう。

そして、ハワイのアマチュアボクシングはどんな様子であったのか。

前述のようにハワイでは第2次世界大戦後アマ、プロともボクシングの黄金時代を迎えたので、日本からも1951年を皮切りに翌年の1952年も代表チームをおくっている。

1951年第1回のハワイ遠征は8月24日ホノルルのシビックオーデトリアムを皮切りに、9月7日の最終戦のヒロホールまで5回行われた〔日本3勝、1負、1引き分け〕。

ジョージナカオカ。カカアコジムにて

そして1952年9月27日からは後楽園競輪場でハワイからの遠征軍と日本選抜軍が戦っている〔日本選抜6対ハワイ選抜4〕。

そして2年後の1953年8月10日から8月24日までシビックオーデ

エディ・タウンゼント賞（2007年度）受賞者である大竹重幸とスタンレー。感謝する会での１枚（ボクシングマスター提供）

トリアムで5戦行われた。

日本は3勝2負でハワイに勝ち越している。

また、ハワイからも日本に来て交流している（昭和26年9月27日　後楽園競輪場）（昭和26年10月3日　大阪　扇町プール）（10月8日　後楽園スタジアム）（10月12日　横浜フライヤージム）。
※注　当時このフライヤージムは横浜の中区にあったがあたり一面は焼け野原でこの地域は進駐軍のカマボコ兵舎が立ち並んでいた。
後年、カカアコジムのジョージナカオカにこのフライヤージムのことを話すととてもなつかしがっていた（ジョージは

GIとして来日このジムで練習した。彼は1954年の全米軍隊バンタム級チャンピオン、即ち陸軍、海軍、海兵隊、空軍の統一チャンピオンである)。

なお、カカアコジムとの日本の関係を構築したのは、元協栄ジムの大竹重幸、金元孝男である。

時代がすこし下がって、1965年ぐらいになるとハワイの民間のアマチュア選手団が来日した。出発前に時の市長ニールブライズデールが選手団を激励している写真入りの記事が出ている。『ホノルルアドバタイザー　1965．5．22』

この交歓試合は座間、千葉、和歌山、水沢と各地を転戦している。

この年、晩年のシュガーレイロビンソンがNIC（現NBC）で地元の人気ボクサーStan Harringtonと2戦している。

また、1964年には高校のチャンピオンがハワイに遠征、ハワイ島、カウアイ島などで試合をしている。

再びハワイのプロに戻そう。

日本人ボクサーの活躍した1960年代の終わりから1980年ぐらいまでが、ハワイ

若かりし日、現役時代のロバートトリー

ボクシングが頂点であったのではないか？　その後ハワイのボクシング界は稀代のプロモーター、サムイチノセの引退、そして逝去を境に急速に衰退していった。

しかし、往年のハワイアンボクサー達は年老いても意気軒昂だ。

ロバートハヤシダ氏（1955年オリンピックコンテンダー）を会長とする「名誉会長はWBA終身名誉会長のロバートトリー氏」「ハワイオールドボクサー会」は3か月に一度ホノルルの退役軍人会館で集まり往時を偲んでいる。私も2012年9月の会合に出席させていただいたが30人余りのエクスボクサー達が集まり昔話に花が咲いていた。

この会の名誉会長であり、WBAの終身名誉会長、WBCの副会長であるロバートトリー氏も遠来の客である私を温かく迎えてくれた。

この会ではスタンレー・イトウの日本での業績を讃えボビーハヤシダ氏の奥様のジュディスさんがスタンレー・イトウさんに感謝する会で撮られたフィルムも上映された。

スタンレー・イトウさんからのお礼の言葉

最後にこの本の主人公スタンレー・イトウは、自分自身と日本のボクシング〔プロ、アマ〕を振り返り、彼特有のゆっくりとした紳士的な口調で語ってくれた。

1964年の東京オリンピックで特別コーチを務めた桜井孝雄やハワイで試合をしたガッツ石松などの思い出を語り、昨年のロンドンオリンピックで48年ぶりに日本に金メダルと銅メダルをもたらした一般社団法人日本ボクシング連盟の会長である山根明氏の力量を高く評価していた。

また、日本プロボクシング協会会長に就任以来、次々に改革を実行されている大橋秀行氏の業績に対してもとても期待していると語ったことが印象的であった。

昨年（2012年）のボクシングの日のために来日を実現できたことに関しては、一般財団法人日本ボクシングコミッション本部事務局長の森田健氏、日本プロボクシング協会会長・大橋秀行氏、世界チャンピオン会会長・ガッツ石松氏、協栄ボクシングジム会長・金平桂一郎氏、スタンレー伊藤さんに感謝する会代表・山口弘典氏（委員の前田衷《まこと》氏、福井広海氏、高橋勝郎氏、岩本悟氏）などのご努力に対して深い感謝の念をお持ちであることが、彼の言葉の端々から感じられたことをお伝えしておきたい。

　最後にこの本を書くに当たってご協力いただいたハワイボクシング界の方々、日本のボクシング界の数多くの方方に深く感謝いたします。

東京オリンピック時にスタンレーに贈られたトロフィー。
「MR. STANLLEY ITO」「TOKYO1964」と見てとれる
（ボクシングマスター金元孝男氏提供）

ACKNOWLEDGEMENTS

The world of boxing has a public and private face. Most of us have heard of the public face through the names and stories of champions. The also-rans and the journeyman fighters rarely make it into the spotlight. But behind the fighters is a complex and fascinating story of those who have spent their lives in the management and the training of the pugilists. Few of them achieve any public fame. Angelo Dundee is one of the few who have a worldwide name.

In 2012, a legendary trainer by the name of Stanley Ito, a Japanese American based in Hawaii, received a special lifetime achievement award from the Japan Pro Boxing Association (JPBA) for his services to Japan Boxing. Stanley Ito is still training fighters from Asia and is still working from his gym in Hawaii.

Ike Tagawa has captured the wondrous story of this legendary trainer with his book.

The tale of a young trainer who travels to Japan with a contender in 1952 and earns such respect that he is asked to stay and assist professional and amateur fighters in Japan over the next 61 years is a story that needed telling and, this book, featuring interviews with those who trained under Stanley Ito, those who worked in the industry with him and the fighters, both champions and also-rans, who owe much to Stanley Ito's skills, is a skillfully written record of such events. The words of the Trainer himself also fill the pages and the story that is told, alongside the memories of all those who gave of their time, is valuable and precious and an essential history of a part of World Boxing and Japanese boxing in particular.

Highly entertaining, highly informative and highly recommended.

Will Williams ; Sports commentator

参考文献

『ハワイ島日本人移民史：移民百年記念』ヒロタイムス、1971年6月
『ハワイ日系米兵―私たちは何と戦ったのか？』平凡社、1995年12月6日
ダニエル・K・イノウエ／森田幸夫・訳『上院議員ダニエル・イノウエ自伝―ワシントンへの道』彩流社、1989年3月5日
安部譲二『殴り殴られ』集英社文庫、1989年8月25日
山本茂『カーン博士の肖像』ベースボール・マガジン社、1984年11月1日
『ボクシング・ビート』2012年7月号
Jeremy Schaap, *Cinderella Man*, Houghton Mifflin Company
イザベラ・バード／近藤純夫・訳『イザベラ・バードのハワイ紀行』平凡社、2005年7月
Kipfer & Chapman, *American Slang* Collins

著者プロフィール

アイク 田川（あいく たがわ）

1936年生まれ
ボクシング観戦歴　半世紀＋15年
日本、アメリカ、フランスの大企業の要職を経て65才で「24hours a Day, 7days a Week」の翻訳、通訳会社を設立、同時に執筆活動に専心
著書：
『マンハッタン一番乗り　ニューヨーク生活のバイブル』　文芸社
『英語力で1億円　外資系転職5回、英語屋猛者の英語指南』　文芸社
『英語力で1億円　パート2　社内公用語は英語です』　文芸社
『政商松尾儀助伝　海を渡った幕末・明治の男達』　文芸社
『女丈夫　大浦慶伝　慶と横浜、慶と軍艦高雄丸』　文芸社（日経ウーマン　2011年1月号ビジネス書部門紹介）
『ボクサーたちの鎮魂歌　The Requiem for Boxers』　文芸社
翻訳書：工業英語、商業英語、契約書
　　　　『スカルノ大統領に渡った日本刀』（ニューヨーク大学）

1983年　Japan Boxing Commission Second License
2013年　Air Boxing License East-JPBA

ハワイからの使者 スタンレー・イトウ

The Lord of Ring

2014年2月15日　初版第1刷発行

著　者　アイク 田川
発行者　瓜谷 綱延
発行所　株式会社文芸社
　　　　〒160-0022　東京都新宿区新宿1－10－1
　　　　　　　　　　電話　03-5369-3060（編集）
　　　　　　　　　　　　　03-5369-2299（販売）

印刷所　株式会社フクイン

ISBN978-4-286-14692-8